JN040098

軍事力で平和は守れるのか

Can Military Power
Protect Peace?

Historical Perspectives

軍事力で平和は守れるのか

歴史から考える

南塚信吾　油井大三郎
木畑洋一　山田　朗

岩波書店

はじめに

二〇二二年二月に始まるウクライナ戦争をきっかけに、世界中で軍事力が強化されようとしている。そして日本では防衛費の大幅増額や専守防衛を超えんとする攻撃能力の整備が政策に取り入れられ、核武装(核共有)を求める声までが高まってきた。要するに平和のためには軍事力が必要なのだという考えが広まっているのである。力には力をというわけである。

しかし、人類はこれまで多くの戦争を戦い、無数の人命を犠牲にし、計り知れない物的損失を生み出してきた。人類は、古代以来戦争は人間のやることではないと戦争を否定し、少なくとも近代以後においては戦争をなくすために、思想的、政治的、法的など、いろいろな面で知恵を積み重ねてきて、軍事力では平和は守れないという教訓も学んできているはずである。二つの世界大戦では大きな反省を生み、さらに核兵器が出現してからは戦争が人類そのものを死滅させるかもしれないとの理由から、人類に平和への思いを強くさせたはずである。しかし、今日、そのような歴史的な教訓はなかったかのごとく、力の論理で国際政治や安全保障が議論されている。

このような事態は歴史学にも責任があるのではないだろうか。現在、歴史学は何もできないのだろうか。歴史学はこれまで、戦争と平和についての教訓をどのように明らかにしてきているのだろうか。たしかに戦争や平和をテーマにした個別的な歴史研究はなされてきた。しかし、世界的な大きな舞台での戦争と平和については、歴史家自身、どういう教訓が積み重ねられ、なにが古臭くなっているのかを、自覚的に論じてきてはいないのではなかろうか。

考えるに、近年の歴史学は、一九八〇年代から広がった「ポストモダン」の影響も受けて、研究のテーマが細分化され、「大きな物語」が語られなくなっている。「ポストモダン」は「事実」を疑い、「言説」を重視するため、確実そうな小さな「事実」が重んじられ、「大きな事実」と「大きな物語」は顧みられなくなったのである。それは歴史学の自殺行為ではないだろうか。

そのような反省を込めて、ここに歴史を研究する者として、「軍事力で平和は守れるのか」と世に問う次第である。

振り返ってみると、戦後の歴史学には世界的な戦争と平和の問題に正面から向き合ってきた時期があった。タイトルそのものに戦争や平和を掲げた歴史書は、一九六〇―七〇年代には、いくつも見られた。例えば、村上公敏・木戸蓊・柳沢英二郎『世界平和運動史』(三一書房、一九六一年)、『岩波講座現代7　現代の戦争』(一九六三年)、『岩波講座現代14　平和の条件』(一九六四年)、荒井信一『平和の歴史』(福村書店、一九五一年)があり、五〇―六〇年代の平和論を盛り込んだ『江口朴郎著作集3　現代における平和と社会主義』(青木書店、一九七四年)などが出ていた。しかし、その後は、そういう動きは後退した。戦争と平和の問題は国際政治か国際関係論の課題であると考えられたのかもしれない。一九七〇年代中ごろから九〇年代末までは、この問題を正面から扱った歴史書は見られなくなった。だが再び、「冷戦」終結後の世紀の交に、『岩波講座世界歴史25　戦争と平和』(一九九七年)や加藤友康責任編集『歴史学事典7　戦争と外交』(弘文堂、一九九九年)、そして『講座　戦争と現代』(全五巻、大月書店、二〇〇三―〇四年)や吹浦忠正『「平和」の歴史――人類はどう築き、どう壊してきたか』(光文社新書、二〇〇四年)が出版された。しかし、その後はまた関心を集めなくなった。戦争についてのは、木畑洋一の歴史学研究会での報告「現代世界と戦争――歴史的視座から」(『歴史学研究』増刊号、二〇一八年)などが見られたが、平和についての研究は、台頭してきた平和学にお任せの感があるのである。このような状況に促されて、ようやく最近、岡本隆司・飯田洋介・後藤春美編『国際平和を歴史的に考える』(山川出版社、二〇二二年)が著わされた。

本書では、まず第Ⅰ部では、現在のウクライナ戦争から歴史的に学ぶべきものを検討する。ウクライナ戦争自体がどのようにして起きたのか、戦争しか道はなかったのか、アメリカとＮＡＴＯがそれにどのように関係していたのか、かつてのユーゴスラヴィア紛争から学ぶべきことは何かを合わせて考える。

そして第Ⅱ部において、フランス革命以後の近現代における戦争と平和の歴史過程を振り返って、そこから学ぶべきものを検討する。この間の戦争の歴史、軍拡と軍縮の歴史、そして、戦争を抑止するための国際的取り決めと、平和を求める運動の歴史を、草の根の運動も含めて考える。

第Ⅲ部で、日本をめぐる戦争と平和の問題として、日清戦争以来の日本の戦争と軍拡・軍事同盟の歴史を検討し、ついで、日本をとりまく東アジアにおける平和の可能性を考える。そこでは、アジアの連帯という課題が考えられなければならない。

記述はなるべく平易にして、できるだけ多くの人に読んでいただき、問題意識を共有していただきたいと考えている。人類が戦争を防止し平和を守ろうという営みにおいて、どこまで来たのかを歴史的に確認し、そこから少しでも教訓を得たいというのが、本書の狙いである。多くの方々のご意見、ご批判、ご提案をいただけるならば、幸いである。

二〇二三年七月三日

南塚信吾、小谷汪之、藤田　進、油井大三郎、
木畑洋一、山田　朗、山崎信一

目次

- 本書に登場する国名は適宜、略称などで表記している。アメリカ合衆国→アメリカまたは米、イギリス→英、フランス→仏、ロシア→露、ドイツ→独、オーストリア→墺、イタリア→伊、トルコ→土、カナダ→加、オーストラリア→豪、インド→印
- 引用文において引用者が注記した箇所には〔　〕を付した。
- 引用文中の旧字は新字にあらためた。また、カタカナ表記をひらがな表記としたところがある。
- 参考文献は各章末の文献一覧に表示した。本文中で出典や典拠などを示す際には、原則として、（南塚　二〇一八）のように著者名と刊行年を略記した。インターネット文献のアクセスは、とくに記載のないかぎり、二〇二三年三月三一日。
- 第1章においては、インターネット文献に番号を付し、本文中の出典や典拠などを示す際に、その番号を（　）内に記した。

第Ⅰ部　ウクライナから考える

ウクライナ戦争は長期化の様相を呈している。日本や欧米のマスコミは圧倒的に「ウクライナ寄り」の報道を続け、アメリカをはじめとする西側の大国はこの戦争を「民主主義vs権威主義の戦い」と位置づけ、大量の武器をウクライナに供与し続けている。

しかし、戦争のように多大な犠牲がでる行為の決定には双方に「言い分」があるのが通例である。戦争の早期終結の道を探るためにも、大仰なイデオロギー対立として把握するのではなく、個別的な妥協点を探る努力が必要だろう。

プーチンはなぜウクライナへの侵攻を強行したのか、ソ連の解体とともに独立したウクライナは当初、「非同盟」を標榜したが、その後、なぜＮＡＴＯ加盟を希望するようになったのか。ウクライナ東部にはロシア語系住民が多く居住しているが、その人々の自治権をどう保障すべきか。今こそ歴史的な文脈に遡って、事態を冷静に分析することが求められている。

第1章　ウクライナ戦争はどのようにして起こったのか

南塚信吾

固定観念にとらわれないで

ウクライナではロシアとウクライナが、多大な人的・物的損失を伴いながら、そして世界各国の経済と地球環境にも深刻な影響を与えながら、長期の戦争を戦っている。このウクライナ戦争は二〇二二年二月二四日に突然起こったように見えるが、そこに至るにはかなり長い政治的やり取りがあった。「戦争は政治の継続」である。戦争に至る前にウクライナにも、ロシアにも、アメリカや欧州諸国にも戦争に至らない選択をする機会があったが、つねにその機会を逃してきたのである。

現在進行するウクライナ戦争をどのように見るか、これについては各関係者の主張が著しく違っている。ウクライナ出身のカナダの歴史家イヴァン・カチャノフスキー(オタワ大学)はこう整理している。西側の政府とメディアは、現在の戦争を二〇二二年二月二四日に始まるロシアの侵略戦争であり、ロシアによる二〇一四年のクリミア併合とドンバス攻撃で始まった不法な侵略の結果であると主張している。一方ロシア側は、今回の「特別軍事作戦」を行った理由を、一つにはドンバスのロシア語話者へのウクライナのジェノサイドを止めるためであり、二つには、ウクライナがNATOに加盟し、アメリカ・NATOのミサイルなどを置いた時の安全保障上の脅威を止めるためだと主張している⑭。カチャノフスキーは、このように互いに異なる主張が、さらに政府やメディアによって、誇張され、それぞれ一方的に主張されていることを警戒している。

西側にいるわれわれは、〈ロシアは悪者であり、ウクライナと欧米は正義である〉といった固定観念を持たされている。だがここでは、固定観念を捨てて、できるだけ確実な証拠に基づいて、戦争がどのように起こったのかを検証してみたい。

Ⅰ　ウクライナの独立から「マイダン革命」まで

独立体制の模索　一九九一―九四年

一九八九―九〇年の東欧革命のなかで東西ドイツの統一が具体化してきた一九九〇年二月、ベーカー米国務長官はソ連のゴルバチョフ書記長に対して、東西ドイツの統一をソ連が許容するならば、「NATO軍の管轄は一インチも東に拡大しない」と発言した。さらに五月には、NATOのヴェルナー事務総長も「NATO軍を西ドイツの領域の外には配備しない用意がある」と演説していた(吉留 二〇一七、下斗米 二〇二二：二九頁、寺島 二〇二二(1)：一九―二四頁)。こういう米ソの了解のもと、一〇月にドイツが再統一され、一九九一年七月にはワルシャワ条約機構が解体された。

一九九一年八月に、ソ連のゴルバチョフ体制を揺るがす「八月クーデター」が起きた時、これを機にウクライナはソ連からの独立を宣言した。一二月にソ連は解体し、ウクライナは、エリツィンが大統領となったロシアがベラルーシと共に組織したCIS（独立国家共同体）に加盟したが、自立的関係を求め続けた。ウクライナの初代大統領クラウチュークはロシアからの独立を強調していた。すでに一九九〇年七月に「受け入れない、作らない、手に入れない」の非核三原則を盛り込んだ「主権宣言」を発していたウクライナは、独立直後の一九九一年一〇月には、議会（ラーダ）宣言で非核化を確認した④。さらに、一九九四年一二月には、次のクチマ大統領により、米英ロがウクライナの安全を保障するかわりに核兵器を放棄するという「ブダペシュト覚書」が実現された。西側からすれば、世界第三位の核兵器備蓄国であったウクライナに核兵器を放棄させるため、現実主義者クチマ大統領のもと、財政支援と領土保全の保障を約したのだった（下斗米 二〇二二：三〇頁）。この保障を得て、ウクライナは国内の核兵器をロシアに移管した。ともかく、この時点までウクライナはロシア、欧米の間にあって、非同盟の道を模索していた。

国内では、社会主義を放棄した後、他の東欧社会主義諸国と同様に、経済改革が課題となっていた。主な課題は、集団農場の解散と農地の分配、国営企業の民営化、社会保障の市場化、計画経済の廃止と市場化などであった。しかし、これは容易には進まなかった。その間に、欧米のグローバル資本が流入し、ウクライナは農産物・鉱物資源の輸出地となった（中井 二〇二二：二〇四―二〇五頁）。こうした経済的、社会的、思想的空白に「普遍的価値」を掲げる「新自由主義」が入り込んでくるのであった。

NATOの東方拡大　一九九四―二〇〇四年

非同盟というウクライナの原則が崩れるのは、一九九四年一二月のNATO外相会議が東・中欧諸国の早期加盟実現を決議したあたりからであった。アメリカ・NATOとロシアの争いが始まり、クチマ大統領もNATO加盟について動揺した姿勢を見せ始めた（中井 二〇二一：二三一―二三四頁）。さらに一九九六年にはクリントン米大統領が、東欧諸国をNATOに加盟させると公約し、ロシアを挑発した㉔。これは中東欧出身の「ネオコン」の発想であった。これは重要な決定であり、これには、かつてソ連の「封じ込め政策」を提起した老外交官で政治学者のジョージ・ケナンは「致命的な過誤」であると批判をしたほどであった⑮。はたして、一九九九年には、ポーランド、チェコ、ハンガリーがNATOに加盟した（「第一次東方拡大」）。

この間、一九九一年に始まっていたユーゴスラヴィア紛争が、九八年にはコソヴォ紛争を引き起こし、NATOはコソヴォが域外であったにもかかわらず、コソヴォにおけるアルバニア系独立派を支援して出動し、九九年、ユーゴスラヴィアの首都ベオグラードを空爆した（柴 二〇二一：二一二―二一八頁）。これはNATOの東方への軍事的拡大の端緒であった。そして、二〇〇四年には、バルト三国（エストニア、リトアニア、ラトヴィア）とルーマニアなど七カ国がNATOに加盟したのだった（「第二次東方拡大」）。

このような東欧におけるＮＡＴＯとアメリカの進出は、さらにウクライナなどを視野に入れることになった。

西側に接近するウクライナ　二〇〇四―一三年

ウクライナでは、二〇〇四年の大統領選挙で、クチマの後継者ヤヌコービッチと野党の押すユーシェンコ（元国立銀行理事長）が争った。選挙の結果、一一月に中央選挙管理委員会はヤヌコービッチの「勝利」を発表した。だが、これに対して、ユーシェンコ陣営は選挙に「不正」があったと抗議し、一一月二一日以後首都キーウ（キエフ）で大規模な抗議集会を連日開いた。この時、ユーシェンコ陣営を、ロシアからの天然ガスの輸入などで財をなし「ガスの王女」と呼ばれた西欧派のティモシェンコらが応援した。それのみならず、ここにアメリカが介入したのであった。すでに二〇〇四年五月には、前米大統領のブッシュ（父）がウクライナを訪問し、ティモシェンコらと会っていた⑯。またアメリカが一〇〇万ドルの賄賂で親欧米派を支持するよう依頼活動をしたことも知られている⑰。

このような状況の下、一二月には大統領選挙の再投票が行われ、この異例の選挙の結果、ユーシェンコが当選した。この政変は、「オレンジ革命」と言われる。ユーシェンコ派がオレンジをシンボル色にしたからである。これまで国際的投資家のジョージ・ソロスがオープン・ソサエティ財団を通じて、ウクライナにおいても民間レベルでの影響力を行使してきていたが、いまや政治的レベルでのアメリカの介入が始まったのである㉕。西欧派のユーシェンコ大統領は、NATO加盟に積極姿勢を示した。彼のもとで、ウクライナはそれまでの非同盟の方針を放棄したのである。

オスロの国際平和研究所のヨハン・ガルトゥングが二〇一四年に述べていたところによれば、当時のブッシュ米大統領(子)が、二〇〇四年に、旧ソ連に属したウクライナとジョージアをNATOに加盟させると発言し、これに続いてEU関係者がEU加盟も可能だとする発言をして、ここから「戦争」が始まったのだという⑨。このブッシュ発言は確認できないが、ウクライナについては、二〇〇五年四月にユーシェンコがアメリカにブッシュを訪問した時の共同声明において、アメリカはウクライナのNATO加盟への切望を支持し、その実現を援助すると述べていた⑫。

こういう動きを見て、二〇〇七年二月のミュンヘン安全保障国際会議において、ロシアのプーチン大統領は、旧ソ連のウクライナ、ジョージアまでNATOに加盟させようというアメリカの政策を初めて批判した。彼は、NATOの拡大は、「深刻な挑発行為」であり、「ワルシャワ条約が解かれた後、西側諸国のパートナーが行った保障(=NATOは東へ一インチも進まないこと)」はどこにあるのかと尋ね、一九九〇年五月のヴェルナーの発言を引用したのち、「NATOが最前線の軍隊を我々の国境に置いた」のだと批判し、危機感を表明した⑥、㉒。

翌二〇〇八年以後、ユーシェンコは、NATO加盟へのアクション・プランに取り組むとともに、EUとの連合協定交渉を開始した。しかし、国内では、NATO・EU加盟に意見が一致していたわけではなく、首相のヤヌコービッチは慎重であり、議会も二〇〇八年三月には「NATO加盟は全国レベルの国民投票の結果によってのみ決定される」との議定書を採択していたのであった（①「ウクライナ概観」）。

二〇〇八年四月のブカレストでのNATO首脳会談において、ブッシュは、ウクライナとジョージアのNATO加盟を提案した。これは独仏の反対で実現しなかったが、両国が将来的に加盟する合意は得られた。このときウクライナの加盟が見送られた背景には、直前の三月にウクライナ議会が採択した上述の議定書があったという。ともかくこれを機にプーチンはNATOの拡大を阻止しようとするようになった（下斗米 二〇二二：三二頁、②「ウクライナ月報」八－一三、㉓）。

このあと八月にジョージア戦争が起きるが、これは、ロシアの反NATO戦略ではなく、むしろアメリカの介入であったと言われる。前述のガルトゥングは、攻撃したのはロシアではなく、ジョージアがロシアを挑発したのだと見ていた（⑩）。アメリカはアゼルバイジャンのバクー油田を重視しており、その輸送ルートとしてジョージアは確保しておかねばならないところであった。

アメリカがウクライナをNATOに加盟させようとする動きはなおも続き、二〇〇九年には新大統領オバマのもとで、副大統領バイデンがウクライナをNATO加盟へと誘った。彼は七月にウクライナ議会での演説で、ウクライナのNATO・EU加盟を支持すると約束したのだった（⑳）。

だが、二〇一〇年二月にウクライナ大統領となったヤヌコービッチは、親ロシア的でNATO・EU加盟に消極的であった。彼はウクライナの非同盟政策を継続し、七月には、あらゆる軍事・政治ブロックへの参加を拒否する旨をもりこんだ「ウクライナの内外政方針に関する」法律を成立させた。そして二〇一三年一一月には、前大統領のユーシェンコが準備してきたEUとの連合協定に署名することを拒否した。この政策は内外のNATO加盟派、とくにアメリカの反ロシア派を刺激した(①「ウクライナ概観」、下斗米 二〇二二：三九、四一頁)。

当時のウクライナ国民の政治的志向は西欧派とアメリカが望むようなものではなかった。二〇一三年にギャラップ社が行った世論調査は、この時点においては、国民の多くが依然として「ソビエト」体制かそれの民主化した体制を支持していることを示していた。クリミアを含む東部では、五七%がソビエト体制ないしはそれに近い民主的体制を支持し、中部では五一%、西部では二三%であり、ウクライナ全体では四八%であった(図1-1)。逆に西欧的な民主体制をよしとするものは東部で一五%、中部で三〇%、西部で五七%だったが、全国では二八%にとどまった(⑪)。同年九―一〇月にレイティング社が行った調査では、EU加盟賛成は五二%、反対三四%、NATO加盟賛成は一九%、反対六四%であった(③「ウクライナ・モルドバ週報」一四―一)。

Ⅱ 決定的転機

二〇一三―一四年の「マイダン革命」

二〇一三年一一月二一日、ヤヌコービッチがEU連合協定への署名を拒否したことに抗議するデ

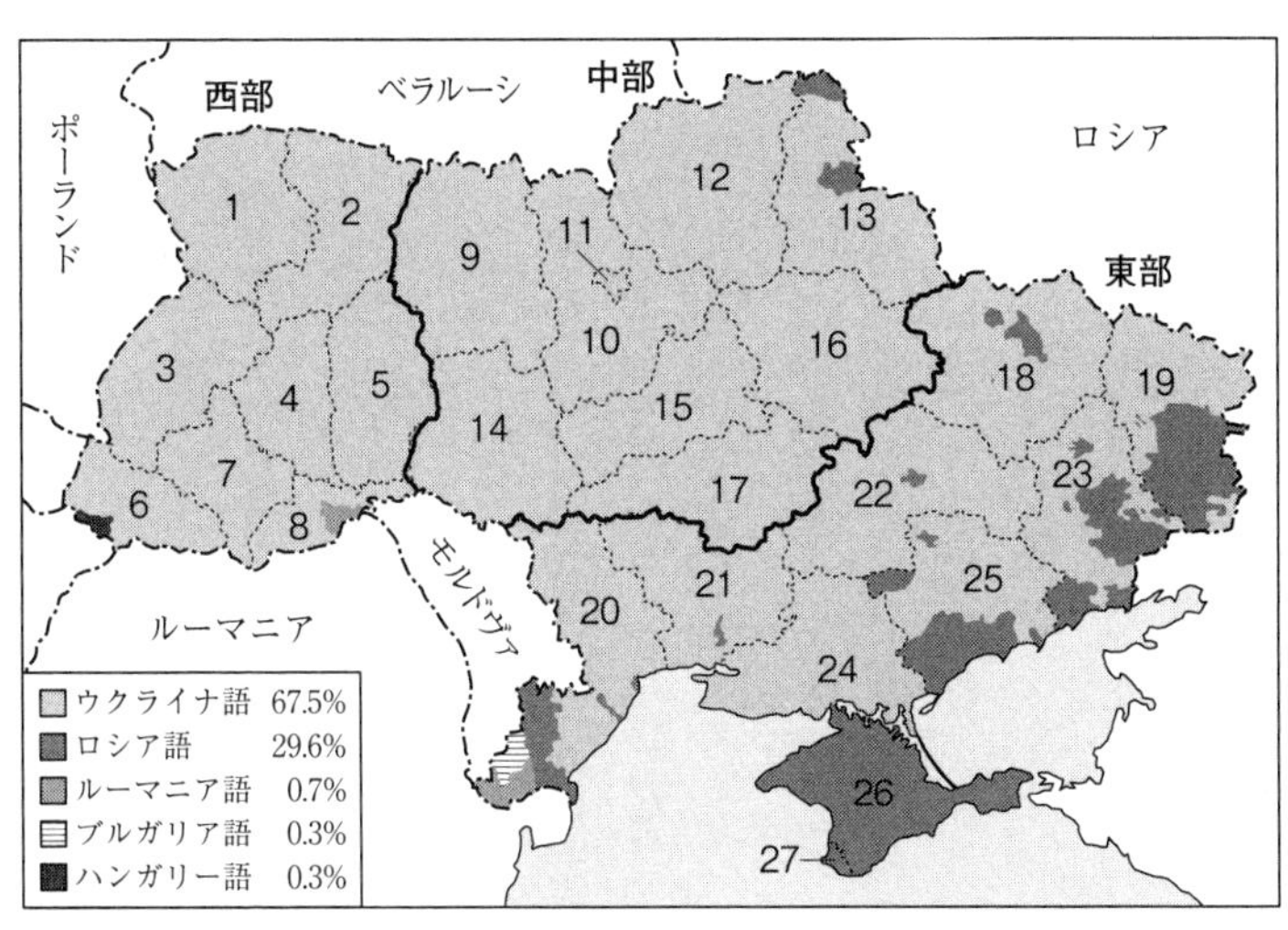

[西部]
1. ヴォリーニ州
2. リウネ州
3. リヴィウ州
4. テルノーピリ州
5. フメリニツキー州
6. ザカルパッチャ州
7. イヴァノ=フランキウシク州
8. チェルニフツィ州

[中部]
9. ジトーリル州
10. キーウ(キエフ)州
11. キーウ特別市
12. チェルニーヒウ州
13. スーミ州
14. ヴィンニツァ州
15. チェルカーシ州
16. ポルタヴァ州
17. キロヴォフラード州

[東部]
18. ハルキウ州
19. ルハーンシク州
20. オデーサ州
21. ミコラーイウ州
22. ドニプロペトロウシク州
23. ドネツィク州
24. ヘルソン州
25. ザポリッジャ州
26. クリミア自治共和国
27. セヴァストポリ特別市

出典：Translators without Borders より作成
(https://translatorswithoutborders.org/wp-content/uploads/2021/07/Ukraine-Language-Map.png)

図 1-1 ウクライナ言語地図(日常における第一言語の分布、2001 年)

モがキーウの「マイダン(独立広場)」において起こった。これはEUへの加盟を主張するウクライナ西部の勢力によるものであった。デモは毎日のように続いて、一二月八日には五〇万人デモとなり、一一日には警察とデモ隊の衝突でけが人が多数出るに至った。二〇一三年一二月一〇日に、NATO大使から米国務省の欧州ユーラシア担当次官補となったビクトリア・ヌーランドがデモ隊本部を訪問、野党代表と会談し、一四、一五日には、アメリカの上院議員クリス・マーフィー(民主党)とジョン・マケイン(共和党)が群衆に呼びかけ、彼らの大義にアメリカが支持をする旨の演説を行った。一方、一七日にプーチンとヤヌコービッチが会談し、ロシアは経済援助を約束するも、「ウクライナの事情に関与しない」旨約束した。この間に、続々と民族主義者の組織、ネオ・ナチを含む極右の組織が登場し、デモに影響を与えるようになった。そして、NATO・EU加盟支持の西部勢力と、かつての反ソ民族主義者やネオ・ナチを含む極右組織の合体したデモが、アメリカの支持を受けつつ続くことになった。

その結果、二〇一四年二月一八日には、議会前でデモ隊と警察部隊が銃撃戦を繰り広げ、死者二六人を出すに至った。さらに二月一九日、二〇日にも激しい発砲があり、両日で七五人の死者が出た。在ウクライナ日本大使館は、一八―二〇日に一〇〇人の死者が出たとしている。二月二一日に事態収拾の動きがあり、ヤヌコービッチ、デモ指導者、仏独ポーランド代表が協議し、ヤヌコービッチ政府はキーウから軍隊を引き揚げ、デモ側も武器を捨て、早期に大統領選挙を行い、マイダン銃撃の調査を欧州評議会の参加で行うという合意をした。しかし、これは実現しなかった。二月二二日にヤヌコービッチ大統領は憲法に基づくことなく追放され、ロシアに避難した(⑬、①「ウクライナ概観」。なお③「ウクライナ・モルドバ週報」一三-五〇も参照)。

ただちに暫定政権がつくられ、五月二五日に大統領再選挙が行われて、「チョコレート王」と呼ばれた元国立銀行理事長のポロシェンコが大統領となった。こうして政権が交代したが、これをデモ側は「マイダン革命」あるいは「尊厳の革命」と称した。

アメリカの関与した「クーデター」

この「マイダン革命」はアメリカの深く関与したクーデターであることが明らかになってきている。すでに二〇一三年に、ヌーランドは、米国ウクライナ人協会で「西ウクライナを中心とする親NATO派勢力に対し、約五〇億ドルを超える支援を行った」と発言していた(寺島 二〇二二(1):一八頁)。加えて、二〇一五年二月に、オバマ大統領がCNNインタヴューで、ヤヌコービッチ政権転覆のために、アメリカが大いに「仲介」したのだと発言した⑲ことによっても、アメリカの関与は証明されている。事実、上述のように二〇一三年一二月にヌーランド、マーフィー、マケインが野党代表らと会談しており、ヌーランドは、二〇一四年二月六日には、暫定政府の人事にまで口出しをしていた(⑭、㉖、③「ウクライナ・モルドバ週報」一三-五〇、一四-一二)。

二月一八―二〇日に一〇〇人以上の犠牲者を出した事件について、反乱側は政府の機動隊の暴力だというが、種々のデータを分析したカチャノフスキーは、この虐殺は極右派と野党指導者が直接間接に関与したスナイパーによるもので、マイダンの大部分の抗議者は知らなかったという。右派勢力側は、一〇〇人以上殺害すれば政変にもなると考えていたのであり、二月二〇日の発砲は、マイダンの少数の指導者と極右派が関与して組織された「偽旗」作戦だったのであるという。つまり自らが襲撃してそれを敵側の襲撃だと宣伝したというのである(⑬、下斗米 二〇二二：一二二頁)。

二月二二日にヤヌコービッチ大統領はキーウを脱出したが、カチャノフスキーによれば、二〇日の虐殺のあと、極右派の司令官が大統領に最後通牒を示して、翌朝までに辞職するように迫り、辞職しない場合には武力を行使すると脅したという。ヤヌコービッチは、マイダン虐殺の責任をとって辞めたのでも、大衆的なマイダンの抗議運動によって倒れたのでもないというのである。つまりクーデターによって倒されたのである(⑭)。

これらのスナイパーやマイダン指導者らには、アメリカの影が付きまとう。カチャノフスキーはこう述べている。アメリカ政府・軍や欧州政府・軍がマイダン虐殺に直接に関与した明確な証拠はない。入手できる証拠によれば、ヤヌコービッチ政権の転覆は、マイダンの少数指導者と極右派が「偽旗」作戦をし、ヤヌコービッチの暗殺を計画することによって実現されたことになる。しかし、それでも米欧政府は「事実上」この転覆を支援したのである。ウクライナがマイダン直後からアメリカの傀儡国家になってしまったということが、体制転覆にアメリカが関与していたことの間接的な証拠である。四月二二日には時の副大統領ジョー・バイデンもキーウに入って、議会で演説をし(㉑)、政府人事に関与していた。バイデンは西欧派の指導者の一人であるヤツェニークらを政府に入れるよう要求したが、やがてそれは実現した。現地では、駐ウクライナ米国大使のジェフリー・ピャットとアメリカ大使館が権力の中心であり、政府の人事にはピャットとバイデンに拒否権があると考えられていた⑭。

「極右」勢力の役割

「マイダン革命」の中でいくつもの極右勢力が登場した。全ウクライナ連合「スヴォボダ(自由)」、右派セクター、ウクライナ国民会議‐ウクライナ人民自衛隊、「ブラトストヴォ(兄弟愛)」などが知られている。かれらの軍事組織である「アゾフ大隊」もこの時期に登場したものである。マイダンの抗議者たちの中で、極右勢力は少数であったが、それでも無視できない影響力を持っていた。例えば、「マイダン革命」を「尊厳の革命」という呼び方は、極右のスヴォボダの代表が付けたものである。そして、極右の勢力は、警察への暴力的攻撃や大統領府や議会を掌握しようとする場面では、決定的な役割を演じた。この極右勢力がアメリカとどのような関係にあったのかは分かっていない。また、ロシアが言うように、ウクライナ政府がネオ・ナチであるというのは事実ではない。しかし、ネオ・ナチ(とくに「アゾフ」)を含む極右派が国防軍、警察、治安機関に入り込んでいることは間違いなく、武力行使においてかれらは人数以上の力を持っていたのである(⑤、⑭)。

Ⅲ　西側に傾斜するウクライナ

東部での「戦争」とミンスク合意

二〇一四年以降、まず、ウクライナ東部のドンバス地域(ドネツク州とルハンスク州の中のロシア語話者地域)で情勢が悪化した。西側ではロシアが武力攻撃をしたためというが、当時の東部の事実関係が十分に明らかではなく、事態は単純ではなかった。

ヤヌコービッチ追放の後にできたウクライナ暫定政府は、アメリカが推すヤツェニーク首相と極右派が握った。そして二〇一四年二月二三日に、ウクライナ語と並んでロシア語を公用語とする言語法(二〇一二年制定)を廃止し、ウクライナ語のみを公用語とした(図1-1参照)。これに対して、ロシア語話者の不満が爆発し、暴動が起きて、一部で州庁舎が占拠されたりした。これはウクライナ側と激しく衝突した。そして四月には、「ドネツク人民共和国」(七日)、「ルガンスク人民共和国」(二七日)が「独立」を宣言した。だがロシアはすぐにはこれら二国を承認しなかった。この二―四月の時期の衝突の実際は分かっていないが、「人民共和国」側がロシアから武器を得ていたという確証はない。スイス軍によると、「ロシア軍は二〇一四年四月二三日までウクライナに入らなかった」という。そして五月二五日の選挙で親欧米派のポロシェンコが大統領に選出され、新たな政権に極右派が入ると、ウクライナ語公用などで親ロ派への圧力もより強まった(下斗米 二〇二二：六、

四二、一二三頁、⑦)。

この間、三月二一日から、欧州安全保障協力機構(ＯＳＣＥ)のウクライナ特別監視団ＳＭＭが武力衝突監視の任務に就いていた。ＳＭＭは四月中頃から、おもに東部ウクライナにおける戦闘状況を詳細に記録した日報を出している。ただし、これはウクライナ、「人民共和国」のいずれの攻撃かは明記していない。この日報によると、八月からドンバスでの軍事衝突が激しくなり、空爆や市街戦が始まった。この頃には、「人民共和国」側もロシア軍の支援を得て抵抗したわけである(⑭、⑱)。ここに事実上の「戦争」が始まった。

これを収めるために、諸外国の仲裁で休戦の試みがなされた。二〇一四年九月五日、ベラルーシのミンスクにおいて、ＯＳＣＥの援助のもとウクライナとロシアおよび二つの「人民共和国」の間に合意がなされた(ミンスク合意Ⅰ)。内容は、東部における即時停戦と重火器撤去、ウクライナ憲法を改正し、ドンバス地方に憲法上特別な地位を与えることであった。しかし、一〇月から戦闘が再び始まり、ロケット砲までが使用された。そして、二〇一五年一月から実施されたウクライナ側の「反テロ作戦」によって、ウクライナ軍と「人民共和国」軍のあいだの「戦争」がいっそう激化した(⑧、下斗米 二〇二二：二六、一二六―一二七頁)。これに対し、二月一二日、同じくＯＳＣＥの支援によって、独仏露ウクライナ間に停戦合意がなされた(ミンスク合意Ⅱ)。内容は、ミンスク合意Ⅰを確認し、ＯＳＣＥの監視のもとでの無条件の停戦、最前線からの重火器の撤去、捕虜の解放、ウクライナにおける憲法改正であった。これで再度折り合ったかに見えたが、ウクライナが同地をめぐる憲法改正に消極的で、加えてアメリカや独仏が積極的に関与しなかったので、和平は実現しなかった(下斗米 二〇二三：一二六—一二七頁、寺島 二〇二二(2)：一〇三—一一四頁、松里 二〇二二)。

東部での戦闘のため、ウクライナ政府は、NATOに支援を求める一方、「準軍事民兵」を活用した。これは、外国の傭兵や極右の民兵であった。かれらは、米英仏加の国々で訓練され、資金援助を受けていた。元スイス軍人で国連やNATOで平和維持活動のために働いていたジャック・ボーは、「西欧諸国がウクライナの極右民兵を作り支援したのだ」と言っている。反面、「人民共和国」側へのロシア軍の支援は、二〇一五年末においてもまだ限定的であったという⑦が、この間に、ロシア軍はコミットを深め、正規軍以外の軍事勢力(ワグネル・グループ)を投入して、反乱側を支援してきていたと考えられる。そして、二〇一八年一月には、ウクライナ政府は「再併合法」を採択し、「反テロ作戦」に代わる「統一部隊による作戦」を開始した。東部の「戦争」は続いた。

ロシアによるクリミア併合

住民の六〇—七〇%がロシア人で、二〇%あまりがウクライナ人、そして一〇%あまりがクリミア・タタール人であったクリミアには、「クリミア自治共和国」と「セヴァストポリ特別市」が置かれていた。「マイダン革命」の後二〇一四年二月に、ロシア語が公用語から除外されると、クリミアでもロシア語話者の反発が起き、親ウクライナの自治共和国政府と対立した。この対立の中で、ロシア系住民は、「クリミア自治共和国」を「クリミア共和国」として独立させることを求め、さらにロシアへの併合を求めるようになった。三月初めにはロシアはロシア系住民の保護を目的として軍隊を派遣する決定をした。そして、三月一一日に、クリミアとセヴァストポリは独立を宣言し、三月一六日にロシアへの併合を問う住民投票が行われ、九七％といわれる支持を得た。翌一七日にロシアが両者の併合を承認し、一八日の条約でクリミア共和国はロシア内の共和国を構成することになった。セヴァストポリは同国内の特別市となった(下斗米 二〇二二：一二四頁)。ただし、クリミア・タタール人はタタール語の使用などは認められたものの、自治は認められなかった。

この「併合」への一連の手続きは国際法上認められないとして、ウクライナや欧米はこれを非難し、クリミア併合を「無効」とし、ロシアに対する経済制裁を行った。ロシアは先進国首脳会議(サミット)への参加を拒否された。ロシアの「孤立化」が始まった。しかし、その後クリミアでは「ロシア化」が進んだが、東部とは違って「戦争」には至らなかった。

米欧との軍事的関係強化

このようにウクライナ東部とクリミアをめぐる争いが続く中で、ウクライナは欧米との軍事的関係を強化した。まず、ウクライナはNATO軍事委員会参謀総長会議、NATO国防相級会合に参加し、ウクライナ・NATO委員会首脳会合、NATO・ウクライナ年次国家計画などに参画した。つぎに、ウクライナ軍は、二〇一七年九月以後毎年、陸上の多国間共同演習に、二〇一八年七月以後毎年、海軍の合同軍事演習に、同年一〇月からは、多国間空軍共同演習に参加している。さらに重要なのは、アメリカによる軍事援助であった。アメリカは、資金的には、二〇一九年九月に軍事援助三億九〇〇〇万ドルを発表、二〇二一年三、四月にも二・七五億ドルの支援を発表し、加えて武器も供与した。二〇一八年四月に、アメリカは対戦車ミサイル・ジャベリンを無償供与し、翌年一〇月には有償供与している(2)「ウクライナ月報」一七-一、一七-六、一七-七、一七-八、一七-九、一八-二、一九-七、一九-九、一九-一〇、一九-一二、二一-三、二一-六、二一-七など)。

このように軍事的にウクライナは密接に欧米と結びつきつつあったが、経済的にも西側への傾斜を著しく強めた。

IMF・世界銀行による執拗な「構造調整」要求

ウクライナ政府は、独立以来財政の赤字を抱え、国際通貨基金(IMF)などに融資を求めていた。一九九八年に二五億ドル、二〇〇八年に一六四億ドルの融資が決定していたが、IMFの求める「改革」が行われなかったため、融資の実行は中途半端に終わっていた。そして、二〇一五年にまた一七五億ドルの融資が決定した。今回IMFはいっそう包括的な「改革」を要求し、①中央銀行改革・銀行改革、②公的金融及び国家財政庁の改革、③年金改革、④エネルギー改革、⑤民営化、⑥汚職対策、⑦農地の自由化などを求めた。これはまさにラテンアメリカ、アフリカそして東欧の諸国に求められてきた新自由主義の「構造調整」(民営化、市場化、規制緩和など)の要求であった。だが、これらの「改革」は遅々として進まなかった。年金受給年齢の引き上げや、ガス料金の値上げや、農地の市場での自由売買には反対が強かった。民営化については、ようやく二〇一七年八月にエネルギー関連企業の民営化が決定され、二〇一八年一月に二〇社の民営化のための民営化改革法が作られたのだった（①「ウクライナ概観」、②「ウクライナ月報」一八-五、一八-六、一八-七など）。

ＩＭＦ、世界銀行はウクライナに執拗に「構造調整」を要求し、ほとんど毎年、何らかの機会に「改革」を要求していた。こうして「新自由主義」が導入されようとしていたのである。

ウクライナ政府のNATO・EU加盟決断

以上のような欧米との結びつきの強化は、二〇一四年に就任したポロシェンコ大統領の方針に沿ったものであった。彼は、ＮＡＴＯ・ＥＵ加盟を改めて積極的に追求したのである。まず、就任直後の六月、ＥＵ連合協定に署名、そして、二〇一九年二月には、将来的なＮＡＴＯ・ＥＵ加盟方針を明記する憲法改正を実現した（①「ウクライナ概観」）。

二〇一九年五月に就任したゼレンスキー大統領は、対ロ和平を掲げて、東部と西部双方からの支持を受けて圧勝した。彼は、ロシアとの協調路線を採り、プーチンとも連絡を取って、東部での停戦を模索した。一二月には両者は独仏首脳を交えて直接対面で協議もした（小泉 二〇二二：四四―四八頁）。さらに二〇二〇年七月には、ウクライナ、ロシア、ＯＳＣＥの間で、「完全で包括的な戦闘停止」の無期限での実施に合意した（①「ウクライナ概観」）。これは二〇一五年のミンスク合意Ⅱの延長線上にあるものであった。しかし、ゼレンスキーの一連の対ロ和平交渉は、それを「裏切り」

とする極右派や親NATO勢力の圧力でとん挫してしまった（下斗米 二〇二二：四四—四五、一二八頁、②「ウクライナ月報」一九—一二）。

二〇二〇年になると、ゼレンスキーの支持率も下落し、一〇月の地方選挙で与党が敗北した。ゼレンスキー支持率は三〇％台にまで下落した。これを受けて、ゼレンスキーは対ロ強硬路線、NATO・EU加盟へと方向転換をしたのである。二〇二〇年九月に彼はNATO加盟を目的とする「新国家安全保障戦略」に署名した。これは協調路線を掲げて当選したゼレンスキーにとって決定的な政策転換であった。それでも支持率は四〇％を超えることはなかった（①「ウクライナ概観」、『毎日新聞』二〇二二年四月二三日）。この段階でのこうした政策決定がはたしてどのような熟慮のすえになされたのかが問われるであろう。

Ⅳ　戦争回避の最後の可能性

ジョージタウン大学のアンジェラ・ステントは、今回の戦争の起源を時期的には二〇二一年三月に求めている。これはウクライナ軍がトルコから提供された軍用ドローンを使い、ミンスク合意Ⅱと二〇二〇年七月合意の対象であった二つの「人民共和国」を攻撃した時期である。これによって事実上ウクライナ軍がNATO加盟を促進したというのである。ロシアはすぐにウクライナ国境に兵力を集結させた（下斗米 二〇二二：四六、一二八頁）。この動員こそが大きな転機であり、それはアメリカのバイデン新大統領へのロシアの圧力行使などのためだという説もある(小泉 二〇二二：三六―三七頁)。ともかくこの六月には、NATOとの合同軍事演習シー・ブリーズがこれまでにない規模で行われて、緊張が高まったかに見えた。だが、同じ六月にはバイデンとプーチンが対面で会談して、宥和の雰囲気が生まれた。九月に、ゼレンスキーとバイデンの首脳会談が行われたときも、バイデンはウクライナのNATO早期加盟を約束しなかった。しかしこの頃、アメリカのブリンケン国務長官とオースチン国防長官は、ウクライナのNATO加盟を促進する発言を繰り返していた(下斗米 二〇二二：四五、一二九―一三〇頁)。

一二月七日、プーチンとのオンライン会談で、バイデンは「ウクライナのNATO加盟は遠くなった」「米国がウクライナへ派兵する国益はない」「米国として国益がなく、米兵は一人も送らない」と述べる一方で、ロシアの軍事侵攻に対しては経済制裁を強める方針を示した(下斗米 二〇二二：一三三、一三〇頁)。ロシアはこれ(NATOの東方不拡大)を条約化することを求め、一二月一七日に草案を公表した。それは、二つの条約案からなっていた。まず、NATOとの協定案では、欧州での軍配備はNATOの東方拡大前の一九九七年までの状態に戻すこと、ウクライナや他の東欧諸国、カフカーズ、中央アジアで軍事行動をしないこと、ロシアの国境に近い地帯で軍事演習などをしないことが求められていた。アメリカとの条約案では、ウクライナを含むNATOの東方拡大の停止のほか、バルト三国を除く旧ソ連諸国に軍事基地を設けず軍事協力も発展させないことなどが盛り込まれていた(『日本経済新聞』二〇二一年一二月一八日)。だが、アメリカとNATOは受け入れなかった(松里 二〇二三)。

二〇二二年一月二一日のジュネーヴでの米ロ外相会談でも、アメリカはNATO不拡大の保証は拒否した。二月一一日にはロシア、ウクライナ、仏独の外相会議が、ミンスク合意の実現について協議したが、合意はならなかった。ウクライナが依然ミンスク合意を拒否していたのである。会議に参加していないアメリカの意向があったようだと、ボーは推測している。この一連の外交交渉はプーチンとロシアの不信感を募らせた(⑦、下斗米 二〇二三：五二―五三頁)。後世、この交渉過程が問われることになるであろう。

二月一六日に、ウクライナ東部での戦闘が突然激しくなった。砲撃は日ごとに回数が増え、二一日が最多になった。これはOSCEの報告が記録している(⑱)。ただし、「ウクライナ」による砲撃とはいっていない。ボーは、これをウクライナ側からの攻撃と判断して、バイデンも知っていたはずだとしている。この一六日からの猛攻に直面して、プーチンは難しい選択を迫られた。ドンバスのロシア語話者たちを軍事的に助け、国際的な非難を浴びるか、あるいは、傍観してかれらが粉砕されるのを見ているか(⑦、寺島 二〇二二(1)：一一頁)。

こうして、二月二一日、プーチンは、ロシアの国家安全保障会議で、外交交渉の継続を訴えるナルィシキン対外情報庁長官やパトルシェフ安全保障会議書記の主張を退け、二月二三日に、二つの「人民共和国」が軍事支援を求めると、二月二四日に「自衛権」を規定した国連憲章第五一条に基づくと称して、ロシア軍をウクライナに侵攻させたのだった(⑦)。

ターニングポイント

以上に見てきたように、二〇二二年二月のロシア軍のウクライナ侵攻に至るまでにいくつもの外交上のターニング・ポイントがあったように思われる。二〇〇三―〇四年の「オレンジ革命」や二〇一三―一四年の「マイダン革命」という大きな事件を別にしても、一九九七年のクリントンによるNATO東方拡大政策、二〇〇七年のブッシュによる「旧ソ連邦」への東方拡大政策、二〇一四年の「言語政策」と東部での武力衝突、それへのロシア側の対応、二〇一四年以後のウクライナの欧米傾斜、二〇一四―一五年のミンスク合意ⅠⅡ、二〇二〇年のミンスク合意の確認、二〇二一年一二月のバイデンによる不拡大約束の文字化拒否などがある。いずれの場合にも、米欧が主導権を握っていた。そして「戦争」は、二〇一四年に始まっていたともいえる。二〇二二年二月二四日に、プーチンが突然戦争を始めたのではない。まさに「戦争は政治の継続」なのであった。

ウクライナは事実上アメリカとNATOに翻弄された感がある。ウクライナは主体的な外交ができたのだろうか。安易な軍備増強、NATO接近の政策を選んだのではないだろうか。戦後のフィンランドが見せてきたような現実的な外交を展開して「小国」の知恵を発揮すべきだったのではないか。その点で二〇二〇年におけるゼレンスキーの政策転換の現実性がどうであったのかが問われる(『朝日新聞』二〇二二年四月二四日)。

アメリカとNATOは、ミンスク合意などを実行し、ウクライナの政治的中立と経済的にはEU

加盟などで戦争を避けられたはずである。幾度もロシアへの歩み寄りの機会はあった。しかし、アメリカは、国防長官オースチンが二〇二二年四月に言ったとおり、ロシアの「弱体化」を望んでいた(『日本経済新聞』二〇二二年四月二六日)。アメリカは「普遍的価値」を掲げて「新自由主義」の拡大のために動いており、NATO・EUの「東方拡大」はそのためである。ウクライナ戦争は、根底的には一九八〇年代からの「新自由主義」をめぐる世界的な攻防の一局面なのである。しかし欧米の掲げる自由、民主主義、基本的人権などの「普遍的価値」は、アメリカでの人種差別のように、欧米自身でも実現していないのであり、他の道もあり得ることを認めるべきだったのではないだろうか。

アメリカの経済史家イヴァン・T・ベレンド(UCLA)は、ニクソン、ジョンソン大統領時代に国務長官などを務めたヘンリー・キッシンジャーが、二〇一五年においてEUやNATOの「東方拡大」をケナン同様に批判し、カーター大統領期に安全保障補佐官を務めたりしたズビグニウ・ブジェジンスキーが二〇一四年に、ウクライナを「フィンランド化」するのが欧州の安定にいいのだと発言していたと紹介し、自分自身も、戦争の始まる前の二〇一九年の本において、EU・NATOのウクライナへの「東方拡大」は、「野心的」で「誤算」で「失敗」であったのだと批判し、プーチンはそれに「カウンターアタック」をせざるを得なくなったと述べていた(Berend 2019: pp.138–140)。

ロシアについて見ると、戦争はプーチンの「追い込まれた」決断であった。しかし、それは国連憲章を盾にしようが容認できるものではない。かつてのソ連のアフガニスタン侵攻失敗の教訓はどこに行ったのであろうか。ロシアがやるべきことは戦争ではなく、「普遍的価値」に基づく「新自由主義」つまり「アメリカ的生活」とは違う道を模索することなのであった。プーチンはそれを具体的に示すべきなのであった。同じく「新自由主義」に抵抗している国は、世界にはたくさんあるのだから。

［参考文献一覧］

小泉　悠（二〇二二）『ウクライナ戦争』ちくま新書

柴　宜弘（二〇二一）『ユーゴスラヴィア現代史　新版』岩波新書

下斗米伸夫（二〇二二）『プーチン戦争の論理』集英社インターナショナル新書

寺島隆吉（二〇二二）『ウクライナ問題の正体（1、2）』あすなろ社

中井和夫（二〇二二）『ウクライナ・ナショナリズム――独立のディレンマ』東京大学出版会

松里公孝（二〇二二）「ウクライナ危機の起源――歴史、安全保障、地域の特性」河本和子編『ロシアのウクライナ侵攻』NIRA総合研究開発機構

南塚信吾（二〇二二）「ウクライナ問題への一考察」『歴史学研究』一〇二三号

柳沢協二・伊勢崎賢治・加藤朗・林吉永（二〇二二）『非戦の安全保障論――ウクライナ戦争以後の日本の戦略』集英社新書

吉留公太（二〇一七）「ドイツ統一交渉とアメリカ外交――NATO東方拡大に関する「密約」論争と政

権中枢の路線対立(上)」神奈川大学『国際経営論集』五四号

Berend, Ivan (2019), *Against European Integration—The European Union and its Discontents*, Routledge, London & New York.

インターネット文献

①在ウクライナ日本国大使館「ウクライナ概観(二〇一一年一〇月現在)」(https://www.ua.emb-japan.go.jp/jpn/info_ua/overview/5diplomacy.html)

②在ウクライナ日本国大使館「ウクライナ月報」(https://www.ua.emb-japan.go.jp/itpr_ja/monthly.html)

③在ウクライナ日本国大使館「ウクライナ・モルドバ週報」(https://www.ua.emb-japan.go.jp/jpn/bulletin/weekly14.html)

④末澤恵美(二〇〇〇)「ウクライナの核廃絶」(https://src-h.slav.hokudai.ac.jp/publictn/68/68contents.html)

⑤成澤宗男「改めて検証するウクライナ問題の本質(その３)」二〇二二年九月二〇日(https://isfweb.org/post-8268/)

⑥プーチン大統領(二〇〇七)「ミュンヘン演説」全文(https://ohinanikki.hatenablog.com/entry/2022/03/03/233903)

⑦Baud, Jacques, The Military Situation In The Ukraine (https://www.thepostil.com/the-military-situation-in-the-ukraine/).

⑧Baud, Jacques, Our Latest Interview with Jacques Baud (https://www.thepostil.com/our-latest-interview-with-jacques-baud/).

⑨Galtung, Johan, Russia might intervene in Ukraine if major violence (Russia might intervene in Ukraine if major violence - Democracy & Freedom Watch (dfwatch.net)).

⑩Galtung, Johan, Ukraine-Crimea-Georgia—the West and Russia (Ukraine-Crimea-Georgia—the West and Russia - Democracy & Freedom Watch (dfwatch.net)).

⑪Gallup, Democracy Important to Most Ukrainians, March 6, 2014 (https://news.gallup.com/poll/167759/democracy-important-ukrainians.aspx).

⑫Joint Statement by President George W. Bush and President Viktor Yuschenko (https://georgewbush-whitehouse.archives.gov/news/releases/2005/04/20050404-1.html).

⑬Katchanovski, Ivan, The 'Snipers' Massacre' on the Maidan in Ukraine (https://papers.ssrn.com/sol3/papers.cfm?abstract_id=2658245).

⑭Katchanovski, Ivan, The Russia-Ukraine War and the Maidan in Ukraine (https://papers.ssrn.com/sol3/papers.cfm?abstract_id=4246203).

⑮Kennan, George, A Fateful Error, *New York Times* Feb. 5, 1997 (https://www.nytimes.com/1997/02/05/opinion/a-fateful-error.html).

⑯Kuzio, Taras, Former U. S. President Bush Visits Ukraine, *Eurasia Daily Monitor*, Vol. 1, Nr. 17 (https://jamestown.org/program/former-u-s-president-bush-visits-ukraine/).

⑰Mokrushyna, Halyna, Interview with Vasiliy Volga, the leader of the Ukrainian Union of Left Forces, *New Cold War* Nov. 26, 2018 (https://newcoldwar.org/interview-with-vasiliy-volga-the-leader-of-theukrainian-union-of-left-forces/).

⑱OSCE-SMM, Daily and spot reports from the Special Monitoring Mission to Ukraine (https://www.osce.org/ukraine-smm/reports/).

⑲President Obama's Interview with Fareed Zakaria of CNN (https://ru.usembassy.gov/president-obamas-interview-fareed-zakaria-cnn/).

⑳Remarks By Vice President Biden In Ukraine (https://obamawhitehouse.archives.gov/the-press-office/remarks-vice-president-biden-ukraine).

㉑Remarks to the Press by Vice President Joe Biden and Ukrainian Prime Minister Arseniy Yatsenyuk (https://obamawhitehouse.archives.gov/the-press-office/2014/04/22/remarks-press-vice-president-joe-biden-and-ukrainian-prime-minister-arse).

㉒Speech and the Following Discussion at the Munich Conference on Security Policy (http://en.kremlin.ru/events/president/transcripts/24034).

㉓Spetalnick, Matt, Bush vows to press for Ukraine, Georgia in NATO (https://jp.reuters.com/article/us-nato-ukraine-bush/bush-vows-to-press-for-ukraine-georgia-in-nato-idUSL0141706220080401).

㉔Transcript of the Remarks by President W. J. Clinton To People Of Detroit (https://www.nato.int/docu/speech/1996/s961022a.htm).

㉕Ukraine's Orange Revolution and U. S. Policy (https://sgp.fas.org/crs/row/RL32845.pdf).

㉖Ukraine crisis: Leaked phone call embarrasses US (https://www.bbc.com/news/world-europe-26072281).

第2章
NATOの東方拡大は戦争を抑止したのか

油井大三郎

プーチンの開戦動機

二〇二二年二月二四日、ロシアがウクライナに侵攻する前夜、プーチンは次のように語った。

この三〇年間、私たちが粘り強く忍耐強く、ヨーロッパにおける対等かつ不可分の安全保障の原則について、NATO主要諸国と合意を形成しようと試みてきた（中略）私たちからの提案に対して、私たちが常に直面してきたのは、冷笑的な欺まんと嘘、もしくは圧力や恐喝の試みだった。

（NHK　NEWS　WEB、二〇二二年三月四日）

ここで表明されているのは、「三〇年間」、つまり、一九九一年一二月にソ連が解体して以来、ロシアはNATO主要国によりNATOを東欧には拡大しないと何度も約束されたが、実際には、その約束は裏切られたという強烈な「恨み」の感情である。しかも、今や、旧ソ連を構成したウクライナまでNATO加盟を希望し始めたことから、それを阻止する必要性を強調したのであった。

また、二〇〇七年二月にミュンヘンで開催された安全保障会議での演説では、「たった一つの国、つまり、ほかならぬアメリカだけが国境を越えて好き放題に振る舞っている。経済、政治、文化、教育の領域で他国に自己の流儀を押し付けているのは誰の目にも明らかだ。誰がこのようなやり方を好きになれるだろうか?」と語った(マクフォール 二〇二〇(上):一〇六頁)。

ここで指摘されている「自己の流儀」の押し付けとは、二〇〇〇年代に入って東欧諸国で発生した、親米的な「カラー革命」(ウクライナでは二〇〇四―〇五年に発生した「オレンジ革命」のこと、第1章参照)が「アメリカの干渉」によるものと非難しているのである。冷戦の終結をもたらした東欧諸国における共産党政権の倒壊は、米ソ冷戦の終結を促進したが、二〇〇〇年代に入ると、グローバリゼーションの影響を受けて、東欧諸国はアメリカ流の民主化や市場経済化志向を強化していった。プーチンはそれをアメリカの「内政干渉」と非難したのであった。

しかも、このアメリカ流の民主化の普及は東欧諸国へのNATO拡大と表裏の関係にあった。それは、NATO条約の前文に「締約国は、民主主義や個人の自由、法の支配という原則に基づく、自由や共通遺産、文明を守ることを決意する」と明記されてあったからである。つまり、NATOは「自由主義的な価値共同体」の性格をもっており、東欧におけるNATOの拡大は、アメリカ流の自由民主主義の普及と対の関係にあったのである。

「大ロシア主義」の復活

しかし、ソ連の解体後のロシアでは、ボリス・エリツィン政権の下で民主化や市場経済化に努力していた。プーチンがそれを敵視するのはなぜだろうか。彼は、ドイツ統一の前夜に、ソ連国家保安委員会(KGB)の要員として東ドイツに駐留しており、東ドイツの消滅やソ連の解体を「屈辱」と感じた人物であった。彼は自伝の中でその時期の体験について、「KGBに入るときに私が抱いていた理想や目標はすべて崩壊した。私の人生はずたずたになった」と告白している。また、二〇一三年の年次演説では、「西側諸国の〝トップダウン〟による伝統的価値観の破壊」を非難し、「ますます多くの人々が、伝統的価値観を守ろうとするわれわれの立場を支持するようになった」と主張した(ヒル&ガディ 二〇一六:一五一、三一〇頁)。

つまり、プーチンは、家族や国家に関する伝統思想に基づいて、「大国ロシア」の再建をめざす保守的大ロシア主義者であった。その立場からすると、ロシアと民族的な起源を共有し、ソ連の一部でもあったウクライナが西側に傾斜するのは許せなかったのであろう。

その上、第1章でみたように、東部ウクライナにはロシア語系の住民が多く居住しており、二〇一四年に親西側的なウクライナ政府がロシア語を公用語からはずす決定をしたため、東部のドンバス地域(ドネツク州、ルハンシク州)では内戦が発生していた。その地方の住民がウクライナからの「独立」を表明したため、それらの州の併合もロシア側の開戦目的となった。

そこで本章では、ロシアのウクライナ侵攻の動機の一つとなったNATOの東方拡大に焦点を当ててその意味を考えてみたい。その際、時期区分としては、①ドイツ統一からソ連の解体まで(一九八九―九二年)、②アメリカでクリントン政権が誕生し、対ロ協調とNATOの東方拡大との両立を図った時期(一九九三―二〇〇〇年)、③「対テロ戦争」からウクライナ戦争までの時期(二〇〇一―二二年)に区分して検討したい。

I　ドイツ統一とNATOの東方不拡大の「公約」

「ベルリンの壁」崩壊の衝撃

一九八九年一一月九日、ドイツと欧州の二重の分断を象徴するベルリンの壁が突然崩壊した。同年一月、ハンガリーで、ミクロシュ・ネーメト政権が共産主義政党以外の政党の存在を認める複数政党制の導入に踏み切るとともに、翌月、オーストリアとの国境警備網の解除を決定した。その結果、ハンガリー経由で西側に脱出する東ドイツ市民が急増した。長年東ドイツで社会主義の独裁体制を維持してきたエーリッヒ・ホーネッカーの引退を受けて、一〇月半ばに首相に就任したエゴン・クレンツが一一月九日に旅券発行の緩和を決定すると、大勢の市民がベルリンの壁に殺到し、壁は東から西への人流を管理する機能を失った。壁に集結していた東ドイツ市民の間から「我々は一つの国民だ」という叫びが発せられたという(志田 二〇二〇:一二五―一三九頁)。

ベルリンの壁崩壊を受けて、米ソの首脳は、一二月初め、地中海のマルタ島で首脳会談を開催した。首脳会談後の共同記者会見の折、記者から「今や冷戦は終結した」と考えるかと聞かれたソ連のゴルバチョフ書記長は、「我々二人は、世界が冷戦の時代を終えて、新たな時代に入ると述べた」と答えた。他方、アメリカのブッシュ(父)大統領は単独記者会見の場で「緊張は減少したが、除去されたわけではない」と述べるにとどめ、冷戦の終結は将来の問題とみる慎重な姿勢をしめした(Bush 1990: pp. 1627, 1636)。つまり、この段階では、米ソ間の緊張が緩和しただけで、今後、東欧の民主化などがどう展開するか不明な段階で、冷戦の終結とは断言できないというのがブッシュ(父)の立場であった(吉留 二〇二一：二三一頁)。

多くの人々にとって先行きが不透明だったのはドイツの統一も同じだった。西ドイツ首相のヘルムート・コールは、一一月末、西ドイツの連邦議会で「ドイツおよびヨーロッパの分断を克服するための一〇項目」を提案した。その内容は、東ドイツにおける自由選挙の実施を支持すること、東西の国家連合をひとつの連邦国家に発展させる用意があり、ドイツ統一を「全欧州的プロセス」に埋め込むことが必要、欧州安全保障協力会議(CSCE)はその一例、軍縮と軍備管理を並行的に進める、ドイツ民族の自由な自決による統一の実現などであった(板橋 二〇二二：八二―八六頁)。

当時のヨーロッパでは、**図2-1**のように、冷戦時代に出来上がった二大軍事同盟、つまり、北米と西ヨーロッパ諸国からなるNATOと、ソ連や東ヨーロッパ諸国からなるワルシャワ条約機構(WTO)の対立が続いていた。その中で一九七三年に米ソも含む全ヨーロッパ諸国の対話の場とし

出典：谷口長世『NATO――変貌する地域安全保障』(岩波新書、2000年)より作成

図2-1　NATO加盟国(アメリカ・カナダを除く)とワルシャワ条約機構加盟国(1990年7月、ドイツ統一前)

て始まったのが、CSCEであった。この会議では、人権の尊重とか、軍事演習の実施にあたっては事前に日時や場所、規模を公表して、相互の信頼醸成を図るなどが約束され、東西の緊張緩和に貢献した。冷戦終結後の一九九五年には恒常的な機構となり、欧州安全保障協力機構(OSCE)となった。コール首相がいった「全欧州的プロセス」の担い手としてはこのCSCEが対象の一つとなった。

同時に、ドイツの統一に関しては、第二次世界大戦中の独ソ戦で膨大な被害を出したソ連では警戒する声が強かった。ゴルバチョフ書記長は、西ドイツの外相ハンス＝ディートリヒ・ゲンシャーからコールの「一〇項目」を聞いたとき激怒し、「全欧州的プロセス」の中で進行させることとソ連・西ドイツ関係の好転を条件づけた。また、ドイツ統一を警戒したのはソ連だけではなかった。フランスのフランソワ・ミッテラン大統領もヨーロッパ統合を先行させる中でドイツ統一を位置づけるように釘をさしたし、イギリスのマーガレット・サッチャー首相との会談では米英仏ソの戦勝四カ国による決定を重視する立場を確認した。ブッシュ(父)政権は、統一をドイツ人自身の自決の問題と受け止めつつも、ソ連に対抗するため、統一ドイツのNATO加盟を条件づけた。こうした各国の思惑が飛び交う中で、交渉方式としては東西ドイツの二者と戦勝四カ国が一緒に協議する「二＋四」方式で協議を進めることになった(板橋 二〇二二：九四―一二三頁)。

「一インチも東方には拡大させない」発言

統一ドイツの強大化を恐れるイギリスは、統一ドイツを牽制するため統一ドイツのNATO加盟を必須の条件としていたが、当初、ゴルバチョフは、NATOとワルシャワ条約機構の同時解体を提案していたので、統一ドイツのNATO加盟には強く反対した。しかも、東ドイツにはソ連軍が駐留していたため、その撤退がドイツ統一の不可欠の条件ともなった。つまり、統一ドイツの実現には、西側の米英仏の三大国とソ連とが合意できる条件の模索という大きな壁が存在していた。

この壁を突破する方策として西ドイツ外相のゲンシャーは、一九九〇年一月六日、シュトゥットガルトで、NATOとワルシャワ条約機構との間で協力的な安全保障を樹立するという構想を示すことが「統一ドイツのNATO加盟をソ連に受け入れさせる唯一の可能な道だ」と語った(Genscher 1998: p. 335)。また、同月三一日には次の提案をおこなった。「たとえワルシャワ条約に何が起ころうとも、ソ連の国境に近づくことを意味する、東方へのNATO領域の拡大は生じないでしょう(中略)西側は、東欧の転換とドイツ統一プロセスがソ連の安全保障利害を損なうことになってはならないと認識する必要があります(中略)現在の東ドイツを形成しているドイツの部分はNATOの軍事構造に編入されるべきだという考えは、両ドイツの接近を妨げるでしょう」(板橋 二〇二二:一三四頁)と。ゲンシャーは、西ドイツの自由民主党(FDP)の代表で、コール首相が率いるキリスト教民主同盟(CDU)と連立政権を組んだことで、外相に就任していた。また、元来、東ドイツのハレ出身であり、故郷への強い思いからもドイツ統一を強く望んでいた。それ故、ゲンシャーは、ドイツが統一されてもNATOが東ドイツや東欧に拡大されることはないと保証することによって、ドイツ統一に対するソ連の了解をえようと考えたのであった。

NATOの東方不拡大をソ連に約束することで、ドイツ統一を実現しようとする路線は、アメリカの国務長官ジェームズ・ベーカーにも影響を与えた。ベーカーは、一九九〇年二月二日にゲンシャーと会談を行い、NATOの東方不拡大は東ドイツだけでなく、東欧にも適用されることを確認した。そのうえで、二月九日にモスクワを訪問した折に、ソ連政府に対してこう語った。「私たちは東の国々に保障が必要なことを理解している。私たちがNATOの構成国としてのドイツに(軍事的）プレゼンスを維持することが出来るのであれば、ＮＡＴＯ軍の管轄範囲（jurisdiction）は一インチも東に拡大しない」（吉留 二〇二一：二八二―二八四頁）と。ここで、ベーカーは、中立ドイツが核武装する危険を訴えて、むしろ統一ドイツをＮＡＴＯに帰属させる方がソ連にとっても安全だという点を強調し、ＮＡＴＯを「一インチも東に拡大しない」という提案を行った。この「一インチ」発言があったのかどうか、後々大問題となったため、ベーカーは自分の回想録『シャトル外交　激動の四年』では一切この点には触れていない。

しかし、ゴルバチョフの回想録によると、ソ連側は、ベーカー発言を「公約」と受け取った印象が強い。当時のゴルバチョフは、統一ドイツのＮＡＴＯ帰属案を拒否し、「全欧プロセスの枠組みの中で創設される新しい機構」の設置を提案したが、アメリカ側がＮＡＴＯ帰属を譲らなかったため、「実際、ベーカー発言のこの最後の部分が、後にドイツの軍事的・政治的地位に関する妥協案の基礎となる公式の核となった」（ゴルバチョフ 一九九六（下）：一九二頁）と書いている。ただし、この「東への不拡大」発言の「東」とは東ドイツなのか、東欧なのかについては議論の余地がある。ゴルバチョフがいうように、後に「妥協案の基礎」となったとすれば、それは東ドイツのことである。実際、ドイツ統一を承認した「ドイツに関する最終規定条約」では統一後の東ドイツ地域に核兵器や外国部隊は配置させないことが明記されたからである。それでも、ベーカーとゲンシャーの間では、東ドイツと東欧の両方への不拡大で合意されていたので、ソ連側がベーカー発言を東欧も含むと解釈した可能性は残る。

他方、ブッシュ(父)政権内では、ベーカーのNATO東方不拡大発言がソ連に譲歩しすぎとの批判が噴出した。特に、大統領の国家安全保障担当補佐官のブレント・スコウクロフトは、ベーカーの発言がゲンシャーの影響を受けたと考え、ドイツ統一に関してブッシュ(父)大統領とコール首相の間で直接交渉するように進言した。実際、二月二五日に開催された米・西ドイツ首脳会談にはゲンシャー外相は不参加となった(吉留 二〇二一:二九四頁)。これ以降、ベーカーは、NATOの東方不拡大に関しては発言しなくなるが、ブッシュ(父)政権としてベーカーの不拡大発言を否定する声明を発することはなかったので、ソ連側はベーカー発言がなお有効とうけとった可能性はある。

NATOの対ソ協調宣言

ブッシュ(父)大統領は、一九九〇年五月四日にオクラホマ州立大学での演説で、NATOの政治的機能の強化、CSCEの強化、通常戦力の削減、東欧からのソ連軍の撤退などによる東西の緊張緩和を訴えた。この提案を受けて、七月初めにロンドンで開催されたNATO首脳会議では、ワルシャワ条約機構加盟国に対して互いに敵視をやめることを提案するとともに、一九七五年のCSCEのヘルシンキ宣言において各国が自由な同盟選択権を保持することが認められているとして、統一ドイツのNATO加盟を支持した。また、ソ連が要求していたワルシャワ条約機構(WTO)とNATOとの「不可侵条約」案は実現しなかったが、NATOとWTO間に連絡機関を設置したり、通常戦力の削減を進めることで、東西の緊張緩和に積極的な姿勢を見せた(吉留 二〇二一:三九三―

三九五頁)。

このNATOのロンドン首脳会議での合意を受けて、七月半ばに西ドイツとソ連は首脳会談を開催し、統一後のドイツがNATOに加盟することも含めて、ゴルバチョフはドイツ統一を了解した。それに対して、当時のソ連が著しい経済困難に直面していたことを知っていたコール首相は九月初めにソ連に対して五年間で一二〇億ドイツ・マルクの支援と三〇億ドイツ・マルクの無利子融資という巨額にのぼる財政援助を約束した。「二+四」交渉も妥結し、「ドイツに関する最終規定条約」が調印された。他方、三月に行われた東ドイツの人民議会選挙では西ドイツのCDUに支援された「ドイツのための同盟」が勝利したため、西ドイツの基本法一四六条に規定された西ドイツへの東ドイツの編入という方式での統一が確定した。実際の統一は一九九〇年一〇月三日に達成された(板橋 二〇二二:一二二―一二三、一八一―一八二頁)。

ドイツ統一の平和的な達成は他の分野にも好影響を及ぼした。通常戦力の削減交渉は一一月半ばには妥結し、これを受けて、パリで開催されたCSCE首脳会議では「対立とヨーロッパ分断の時代は終わった」とするパリ憲章が採択された(吉留 二〇二一:四三五頁)。

湾岸戦争と「新世界秩序」

ドイツ統一は、ソ連からすると、経済困難に付け込まれた側面があるものの、東西の緊張緩和ムードの中で、ドイツ統一は話し合いにより平和的な形で実現した。これには、一九九〇年八月初めにイラクによるクウェート侵攻が勃発したため、ブッシュ（父）政権は国連安保理事会でのソ連の協力をうるため、対ソ協調姿勢を強めた影響もあった。イラクに対してクウェートからの撤退を要求する安保理決議はソ連も賛成して成立したが、イラクが撤兵の姿勢を見せない中、一九九一年一月、ブッシュ（父）政権は、イギリスなどと多国籍軍を編成して開戦、ミサイルなどの空軍力でイラク軍を圧倒し、一カ月強でクウェートの解放に成功した。

しかし、ブッシュ（父）政権内部では、イラクからクウェートを解放しただけでは中途半端で、バグダッドまで進軍してフセイン政権を打倒すべきだったと主張するポール・ウォルフォウィッツ国防次官などの「タカ派」が存在した。このグループには、親イスラエルの立場をとるユダヤ系の知識人も加わり、後に「ネオコン」と呼ばれるようになるが、彼らは冷戦終結後も、軍事力によってアメリカの「一極覇権」を維持すべきとの立場をとり、ＮＡＴＯの東方拡大にも極めて積極的であった。

このようにドイツ統一の過程は、東西の緊張緩和の産物であったが、同時に、一九九一年六月にはソ連を中心としたコメコン（経済相互援助会議）が解散、七月にはワルシャワ条約機構も解散した。さらにソ連を構成したバルト三国（エストニア、ラトヴィア、リトアニア）が独立する姿勢を見せるなど、ソ連の影響力が縮小していったためソ連内では不満が高まり、一九九一年八月には保守派のクーデターが発生した。ロシア共和国の大統領として頭角を現したボリス・エリツィンらの抵抗でクーデターは失敗に終わったが、ソ連の求心力は失われ、一二月にはソ連が解体、独立国家共同体

（ＣＩＳ）が発足した。そのため、ソ連の大統領であったゴルバチョフは自動的に失職、代わってロシア連邦の大統領、エリツィンが主導権を発揮するようになった。

他方、ブッシュ（父）大統領は、一九九二年一月の一般教書演説で「神の恩寵によってアメリカが冷戦に勝利した」と宣言した（吉留 二〇二一：四八四頁）。つまり、ソ連の解体で冷戦が終結したことは、アメリカに「勝利者」意識を高揚させ、「一極覇権」を実現したという自信を強めさせた。

Ⅱ 米ロ協調とＮＡＴＯの東方拡大の間

ブッシュ（父）政権とＮＡＴＯの東方拡大

ソ連が解体すると、ブッシュ（父）政権はＣＳＣＥのような全欧規模の安全保障会議よりもアメリカの意向が通りやすいＮＡＴＯを重視する姿勢をより強めるようになった。しかも、一九九二年二月には、通貨統合など政治的機能も備えたＥＵの結成を決定するマーストリヒト条約が調印されたため、アメリカとしては西欧のアメリカ離れを防ぐためにも、ＮＡＴＯの存在意義を強調する必要に迫られていた。他方で、冷戦の終結はＮＡＴＯの存在意義を減少させていたことも事実であった。

そのような折、一九九一年初めに発生した湾岸戦争や、旧ユーゴスラヴィアのクロアチアの独立に関連して同年九月から発生した内戦などの地域・民族紛争を、ＮＡＴＯの新たな存在意義と位置付けるようになった。たとえば、一九九一年一一月にローマで開催されたＮＡＴＯ首脳会議では、域外の地域紛争における危機管理や平和維持活動をNATOの新たな任務に加えるという「新戦略概念」を決定した。また、旧ワルシャワ条約機構諸国にも参加を呼びかけた「北大西洋協力理事会（NACC）」を設置し、CSCEではなく、NATOを中心とした対話の場を全欧的に展開することをも決定した（広瀬編 二〇一九：七―八頁）。

一九九一年一二月には多くの東欧諸国がこのNACCに参加した。その上、ブッシュ（父）政権内では、いずれNATO本体の東欧への拡大も検討されていたが、ロシアもその対象に加えるかどうかをめぐり論争が発生していた。ソ連解体後のロシアでは、エリツィンのもとで市場経済化の改革が実施されていたが、悪性のインフレーションに悩まされ、エリツィン政権の倒壊も予想されていた。また、ディック・チェイニー長官を中心として国防省で検討されていた案では、アメリカの冷戦後の使命は、ロシアとの協力ではなく、「ライヴァルとなる超大国の台頭を許さないように保証すること」であると指摘されていた。ブッシュ（父）政権の中で、チェイニーは、「ネオコン」のリーダーと見られる一人であったが、彼らからすると、ロシアは市場経済化の改革を実施中の国というより、潜在的なライヴァルとして警戒される存在であった。そのようなロシアを弱体化させる方策として、一九九二年段階からウクライナに対してNATO加盟の働きかけがあったという（Sarotte 2021: pp. 140–142）。

東欧諸国の民主化と安全保障構想

チェコスロヴァキアでは、CSCEのヘルシンキ宣言に対応する人権の擁護を共産党独裁政権に対して一九七七年に要求した、「憲章七七」の起草者であるヴァーツラフ・ハヴェルが一九八九年一二月の自由選挙の結果、大統領に当選した。このハヴェル政権で外相をつとめたイジー・ディーンストビエルは、一九九〇年春に、CSCEを基礎とした「ヨーロッパ安全保障委員会」の創設を提案し、最終的にはこの委員会がNATOやワルシャワ条約機構にとってかわると想定した。ハヴェル自身も、五月のヨーロッパ評議会でおこなった演説の中で、NATOは、ワルシャワ条約機構よりも、新しいヨーロッパの安全保障秩序の中核になるチャンスがあると認めた上で、その教義から名前まですべてを変える必要があると主張した(Asmus 2002: p. 11)。

しかし、その後、ドイツが統一したり、ソ連が解体したり、ユーゴスラヴィアで内戦が起こると、NATOによる抑止効果を希望する国が増加していった。一九九二年五月、ハヴェルと、ポーランド大統領のレフ・ワレサ、ハンガリー首相のヨージェフ・アンタルはプラハで会談し、NATOの完全対等なメンバーとなることをめざす点で一致したという(Asmus 2002: p. 17)。

クリントン政権の成立と対ロ協調

一九九二年のアメリカは大統領選挙の年にあたり、現職のブッシュに対して、民主党の四六歳の新人、南部の小州アーカンソー州知事だったビル・クリントンが挑戦した。共和党のブッシュ(父)は、冷戦や湾岸戦争の勝者という外交面の成果を強調したのに対して、クリントンは、折から経済的な苦境に立っていたアメリカの現実にアピールすべく、「争点は経済だ、愚か者」というスローガンを掲げて勝利した。

クリントンは、外交経験が浅かったせいもあり、選挙戦の時点から内政重視の姿勢を示していたが、政権を獲得すると、財政赤字の解消のため、冷戦終結による「平和の配当」を強調し、防衛費の削減に取り組んだ。また、選挙中からブッシュ(父)政権はロシアへの改革支援の姿勢が弱いと批判していた。それ故、大統領に就任後の一九九三年四月にクリントンはエリツィンとカナダのヴァンクーヴァーで会見し、「平和的発展によるロシアの再生ほど、グローバルな自由、安全、繁栄に貢献するものはない」と語った。その後、ロシアに対して一六億ドルもの経済支援を決定した(Asmus 2002: p. 20)。

このようにクリントン政権がロシアの民主化を支持したのは、民主化が市場経済化に結びつくことにより、ロシアへのアメリカ流のグローバリゼーションの浸透を期待したからであった。と同時に、一九九三年の旧ソ連では、ロシアだけでなく、ウクライナ、ベラルーシ、カザフスタンにも核兵器が分散されており、アメリカ側の推定で総数は二・五万から三・五万発に及んだうえ、総兵力も二八〇〇万人を保っていたという。クリントン政権としては、核兵器の分散は危険とみなし、核兵器のロシアへの集中管理の実現を働きかけていた。ロシアの民主化がアメリカの安全保障上の利益であるとしたのもそれ故であった。とりわけ、一九八六年にウクライナのチェルノブイリ原子力発電所で発生した事故の記憶はまだ生々しかったので、ウクライナに援助を与え、核兵器のロシアへの移管を助長した(Sarotte 2021: pp. 154-159)。

一方、東欧諸国の間では自国の安全保障への不安が高まっていた。ソ連解体後のロシアは依然として核大国であったし、統一によって強大化したドイツの将来も不透明であったためであった。一九九三年四月、チェコのハヴェル大統領が訪米し、クリントンと会見して、「我々は力の真空状態に生きている」、「それがNATOに加盟したい理由である」と述べた。クリントンはハヴェルに同情的であったが、ホワイトハウスのスタッフは、内戦が激化していたボスニア問題の処理やクリントンの友人が絡んだホワイトウォーター疑惑への対応を優先すべきだと進言した(Sarotte 2021: p. 161)。

確かに、この時期にはボスニアでの紛争が激化していた。当初は、EUや国連が中心に対応していたが、民族間の激しい殺戮(民族浄化)で民間人にも多数の犠牲者が出る中で、クリントン政権は「人道的介入」を主張して、一九九五年五月ごろからは本格介入、セルビア人勢力に対するNATO軍の激しい空爆で戦意を喪失させ、一九九五年一一月にようやくデイトン合意が成立し、和平が近づいた。

「平和のためのパートナーシップ」の導入

このように一期目のクリントン政権は、ロシア支援やウクライナ等の非核化、旧ユーゴスラヴィア紛争への対応に追われ、NATOの東欧拡大に傾注する余裕はなかった。それでも、東欧諸国からはＮＡＴＯ加盟の強い要望が繰り返し出されていたので、クリントンは暫定措置を講じることにした。回想録の中で彼は、「〝平和のためのパートナーシップ〟というＮＡＴＯ加盟国の拡大に向けた暫定措置を講じ、新しい加盟国を段階的に受け入れるための計画を用意し、ＮＡＴＯとロシア間の協力関係の構築に力を注いでいた」と語った(クリントン 二〇〇四(下)：二六四頁)。具体的には、旧ソ連式の兵器や訓練方法に馴染んできた東欧諸国に対して、欧米の方式への転換を図る準備期間としたり、民主主義や法の支配の尊重といったＮＡＴＯの共通理念の浸透を図ることにした。対象は旧ワルシャワ条約機構諸国やＣＩＳ諸国であり、ロシアも対象にはいっていた。

この「平和のためのパートナーシップ(ＰｆＰ)」政策が一九九四年一月にＮＡＴＯ首脳会議で決定されると、多くの東欧諸国が参加した。ＮＡＴＯが旧ユーゴスラヴィア紛争に介入すると、あたかもＮＡＴＯへの忠誠を競うように、ＰｆＰ加盟国は旧ユーゴスラヴィアに派兵していった。その際、微妙な立場に立たされたのはウクライナであった。

ウクライナは、一九九一年八月に独立し、恒久中立・軍事ブロックへの非加入、非核の立場を選択していたからである。そのため、このＰｆＰ政策が発表されると、ウクライナ外務省はＰｆＰについて「中・東欧地域の力の真空に関わる全ての問題を解決できず、理想的ではない。ウクライナは、自らが主導する中・東欧地域の安全保障創設構想と合同した欧州安全保障の地域機構の深化に努める」(藤森 二〇〇〇：三一一頁)と発表した。当時のウクライナは西側とロシアとの「架け橋」の役割を追求していただけに、ＮＡＴＯ加盟に向けた準備期間的な性格をもったＰｆＰへの参加を当初はためらったのであろう。しかし、一九九四年二月にはウクライナも参加、六月にはロシアも参加した。

ロシアの改革行き詰まり

当時のロシアは、権威主義的体制の民主化、統制経済から市場経済への転換、少数民族問題の解決という三課題を抱えていた。中でも月に四〇%にも及ぶインフレーションや大量の失業の克服が焦眉の課題であり、IMFなどの助言を得て、構造調整に取り組んでいたが、容易に効果がでなかった。むしろ、エネルギー部門などの国営企業の払い下げで「オリガルヒ」と呼ばれる独占的な大富豪が誕生し、かれらが政治に大きな影響を及ぼすようになった。経済的苦境が高まる中で、エリツィン大統領と議会の対立が激化した結果、エリツィンは議会に対して解散を命令、議会がそれに従わないとみるや、一九九三年一〇月、戦車を出動させて解散を迫ったが、その折の衝突で一四五人もの市民が死亡する事件が発生した。この混乱を収拾するために、エリツィンは一二月に議会の選挙を行ったが、ウラジーミル・ジリノフスキーを党首とする極右的な性格が強い自由民主党が多数を占めた。このような結果から、西側ではロシアの改革の将来に悲観的な見解が多くなるとともに、モスクワの脅威からの防衛を求める東欧諸国の要求が高まった。また、逆に、ロシアでは民族主義的論調が強まり、反NATOの声が強まっていった(Sarotte 2021: pp. 171–173)。

一九九六年米大統領選挙とNATOの東欧拡大問題

アメリカ国内では、クリントン政権がロシアとの協調を重視して、東欧諸国のNATO加盟を遅らせていることへの批判が強まっていた。共和党内では、対ソ強硬政策で知られるレーガン政権以来、米ソ対立の焦点となっていた東欧諸国の民主化運動を支援するグループが大きな影響力を持っていた。また、アメリカ国内に一〇〇〇万人いるといわれ、中西部に集住していたポーランド系移民もポーランドのNATO加盟を支持していた。さらに、ポーランド系以外の東欧系移民も一〇〇〇万人ほど存在し、やはり中西部に多かったので、その地域を地盤とする民主党議員の中にもNATOの東欧拡大を支持する者が出始めていた。

一九九四年秋の中間選挙で共和党が多数を占めると、一二月、クリストファー国務長官は、NATO幹部と東欧諸国のNATO加盟の協議を開始した。同月、CSCE首脳会議がブダペシュトで開催され、出席したクリントンの面前でエリツィンはアメリカがNATOの東欧拡大を検討し始めたことを「冷たい平和」の始まりと激しく非難した。クリントンは、当初、NATOの東欧拡大は、ロシアの懸念を晴らしつつ、ゆっくりと時間をかけて進める意向であった。PfPの発足もそのためであったが、共和党がNATOの東欧拡大問題を一九九六年の大統領選挙での争点とする気配を示すと、安閑とはしていられなくなった(Asmus 2002: pp. 94–97)。

一九九五年春になると、NATOの東欧拡大問題が外交政策上の最大の争点となっていた。共和党は、前年末に勃発したロシアのチェチェン侵攻をとらえて、「ロシア脅威論」を展開し、東欧諸国のNATO加盟推進を訴えた。論壇では、かつて国務省で「対ソ封じ込め政策」を主導したジョージ・ケナンやポール・ニッツェなどが反対論を展開した。その主な趣旨は、ロシアを孤立させることの危うさやNATOの結集力を弱めるなどであった。『ニューヨーク・タイムズ』も一九九五年五月一〇日の論説で、NATO拡大は想像力の欠如の産物であり、アメリカにとって国益の薄い地域に関与する誤りだと批判した。民主党内では、ジョー・バイデン上院議員が推進派だったが、軍事政策の専門家、サム・ナン上院議員はロシアに脅威を与えずに、NATOを東欧に拡大することは不可能と反対した(Asmus 2002: pp. 118–122)。

一九九六年に入ると、ますます論争は激しくなっていった。六月になり、大統領の国家安全保障問題担当補佐官のアンソニー・レイクは、「NATO拡大のゲームプラン」をクリストファー国務長官に提出した。その中でNATO創立五〇周年となる一九九九年にポーランド、ハンガリー、チェコの三国を第一次としてNATOに加盟させる方針が示された。クリントンは、八月初め、英独仏三国の首脳に書簡を送り、NATOの東欧拡大の目的をこう述べた。「NATO拡大は、旧共産国家が民主化や市場経済化や共同的安全や統合の道にとどまることを助長する」(Asmus 2002: pp. 164–166)と。

つまり、クリントンは、NATOの東欧拡大に安全保障上の利点だけでなく、東欧の民主化や市場経済化の利益も見出していたのであった。一九九六年秋の大統領選挙では、クリントンが共和党のボブ・ドールを破って再選されたので、二期目のクリントン政権ではNATOの東欧拡大が既定

図 2-2　ヨーロッパにおける NATO 加盟国の拡大(2023 年)

方針となった。それに対して、エリツィンは、一九九七年三月にヘルシンキでクリントンに会った折、バルト三国を念頭にして、旧ソ連諸国のＮＡＴＯの加盟は求めないとの約束を迫った。エリツィンとしては、旧ワルシャワ条約機構に属していた東欧諸国のＮＡＴＯ加盟にはもう抵抗できないと観念し、次の防御線を旧ソ連諸国においたのだったが、クリントンは明確な答えを避けた(Asmus 2002: p. 200)。

一九九九年三月、ＮＡＴＯ創設五〇周年の式典が、ＮＡＴＯを創設した時の大統領だったトルーマンの業績を讃えて、ミズーリ州のトルーマン大統領図書館で実施された。そこには、ポーランド、ハンガリー、チェコの三国の代表が出席し、NATO加盟の条約に署名した。ここにNATOの第一次東方拡大が実現した（図2-2参照）。

Ⅲ 「対テロ戦争」以降のNATO東方拡大

プーチン時代の始まり

アルコール中毒など多くの体調不良を抱えていたエリツィンは、一九九九年八月、ロシア連邦保安庁長官だったプーチンを首相に任命した。プーチンは第二次チェチェン紛争の平定で辣腕を発揮して国民的人気を勝ち取り、年末にはエリツィンの指名を受けて、大統領代行となり、翌二〇〇〇年三月の選挙で正式に大統領に選ばれた。この頃から原油価格の高騰に助けられ、ロシアは経済苦境から脱し、プーチンは長期政権を手にすることになった。ロシア憲法では大統領の任期は二期八年となっていたにもかかわらず、プーチンは二〇〇八年の大統領選挙では腹心のドミトリー・メドヴェージェフを大統領に当選させ、自分は首相として権力を維持、二〇一二年の選挙には再度大統領に立候補して当選した。このようにプーチンは、形式的には選挙制度を残しながら、反対党派の活動を規制し、事実上の独裁体制を築くという権威主義的体制を構築していった。

同時多発テロ事件の勃発

二〇〇一年九月一一日、アメリカで同時多発テロ事件が勃発すると、ブッシュ(子)共和党政権はそれを「戦争行為」と捉え、テロ事件の主犯をアルカーイダと認定し、それを匿っているとしてアフガニスタンのタリバーン政権に対して「対テロ戦争」を開始した。NATOは、創設以来初めて第五条の共同防衛規定を適用して、アメリカに協力した。それに対して、プーチンは、当初は、タリバーン情報をアメリカに提供したり、ウズベキスタンに米軍基地の設置を容認するなどして協力した。NATOも、国際テロ活動や大量破壊兵器への対応で共闘するべく、NATO・ロシア理事会を設置した。そのような米ロ協調ムードの中で二〇〇二年のNATO首脳会議でバルト三国、ブルガリア、ルーマニア、スロヴァキア、スロヴェニアのNATO加盟が了承され、二〇〇四年に実現された(第二次拡大)が、この時点ではロシアは反対しなかったという(植田編 二〇〇三：三〇頁)。

しかし、二〇〇三年にイラクに対して「大量破壊兵器保持の疑いがある」としてブッシュ(子)政権が開戦した時には、フランス、ドイツとともにロシアも反対した。この時、プーチンは、イラク戦争を契機に「アメリカの言うことを聞かない数少ない国家の指導者として、自分はアメリカの覇権に抵抗し国家の主権を守らねばならない」と決意したという(マクフォール 二〇二〇(上)：一〇〇頁)。他方、PfPに参加していた東欧一〇カ国はイラク戦争支持を声明し、若干の部隊を派兵した(広瀬編 二〇一九：六二頁)。つまり、NATOの東欧第二次拡大は、東欧諸国のイラク戦争支持という代償によって実現したのであった。

二〇〇三年以降になると、東欧でカラー革命が進行し、プーチンはそれをアメリカによる「内政干渉」と非難した点は、すでに本章の冒頭で指摘した通りである。アメリカには東欧・ロシアからの亡命者が多いだけに、東欧・ロシアの民主化を支援する民間団体が数多く存在する。クリントン政権二期目で女性初の国務長官となったマデレーン・オルブライトは、自身がチェコからの移住者で、全国民主研究所(NDI)の議長として、東欧の民主化を支援してきた。オバマ政権期に駐ロシア大使になるマクフォールは、一九九二年にこの協会のモスクワ支部の立ち上げに関係したといっている(マクフォール 二〇二〇(上):三〇頁)。

民間の団体が世界の各地で影響力の拡大を図ることまで「内政干渉」とよぶことはできないが、ウクライナで親ロ派の大統領を追放した「マイダン革命」の折に、アメリカの国務次官補で、ネオコンを代表する知識人、ロバート・ケーガンの妻であるビクトリア・ヌーランドがウクライナにいて、組閣人事に関わったといわれている(下斗米 二〇二二:一二二頁)。これが事実であれば、明らかに「内政干渉」となるだろう。

二〇一四年に親ロ派の大統領が民衆暴動によって放逐されたことに対抗して、ロシアは情報戦や現地民衆の決起など「ハイブリッド戦争」の手法を駆使して、クリミアを併合した。また、ウクライナ東部では内戦が勃発、二度にわたるミンスク合意によってウクライナ政府がロシア語系住民の自治を尊重することで休戦が実現したのであるが、内戦が再発する中で、二〇二二年にロシアによるウクライナ侵攻が強行されたのであった。

NATOの東方拡大は何をもたらしたのか

以上の経過を振り返ると、ウクライナ戦争の原因には次のような諸点を指摘できる。

第一に、ソ連解体後のロシアでは民主的改革が挫折し、大ロシア主義を提唱する権威主義的な政権の下で、旧ソ連を構成した地域への干渉戦争が引き起こされてきたこと、第二に、冷戦終結後もアメリカがNATOの東方拡大を推進し、ロシアを国際的な孤立に追い込んだこと、第三に、ソ連時代から各共和国にはロシア語系の住民が移住しており、ソ連の解体によって、それらのロシア語系住民はロシア以外の共和国では少数派となっていたが、この少数民族問題の解決の後れが開戦原因の一つになったこと、である。

これらの要因の中でも、NATOの東方拡大はロシア側が開戦を決断する上で、大きな比重を占めていた。アメリカ側は、東欧や旧ソ連諸国のNATO加入でロシアの軍事行動を「抑止」できると考えたのであるが、事態は全く逆の展開となった。それだけにNATOに依存しない形でのウクライナの安全保障のあり方が模索されている。

ウクライナは独立当初は非同盟中立を宣言していたし、東欧独自の地域的な安全保障機構の創設を模索した時期もあった。また、ドイツ統一が模索された時期には、アメリカでさえ全欧的な安全保障の場であるCSCEを重視することで、ソ連のドイツ統一への不信感を緩和させようとした。

これらの経緯は、今後、ウクライナとロシアの間で和平交渉が再開される場合に考慮されるべき重要な点になるだろう。和平後のウクライナの安全保障の在り方は、ウクライナ内のロシア語系住民の保護問題と並んで、避けては通れないテーマとなるだろう。開戦直後の三月二九日にトルコで開催された第四回の停戦交渉でウクライナ側が提示した条件にはウクライナが「中立と非核を約束し、外国軍の基地も置かせない」という条項が入っていたという(小泉 二〇二二:一三一頁)。もちろん、ウクライナの中立化の交換条件として、ロシア軍のウクライナからの撤退が合意される必要があるだろう。

しかし、このようなウクライナによるNATO離れの条件をアメリカが受け入れるかどうかが、次の問題点となる。アメリカは、この戦争を「民主主義vs権威主義」というイデオロギー対立として描こうとしているが、それではウクライナ戦争の長期化は避けられなくなる。ロシアとウクライナ間にある具体的な争点を解決する個別的な解決策の模索が必要になるのではないか。

[参考文献一覧]

池内恵・宇山智彦・川島真・小泉悠・鈴木一人・鶴岡路人・森聡(二〇二二)『ウクライナ戦争と世界のゆくえ』東京大学出版会

板橋拓己(二〇二二)『分断の克服一九八九―一九九〇――統一をめぐる西ドイツ外交の挑戦』中央公論新社

植田隆子編(二〇〇三)『現代ヨーロッパ国際政治』岩波書店

荻野晃（二〇一二）『NATOの東方拡大――中・東欧の平和と民主主義』関西学院大学出版会
クリントン、ビル（二〇〇四）『マイライフ　クリントンの回想（上・下）』楡井浩一訳、朝日新聞社
小泉悠（二〇二二）『ウクライナ戦争』ちくま新書
ゴルバチョフ、ミハイル（一九九六）『ゴルバチョフ回想録（上・下）』工藤精一郎・鈴木康雄訳、新潮社
佐橋亮・鈴木一人編（二〇二二）『バイデンのアメリカ――その世界観と外交』東京大学出版会
志田淳二郎（二〇二〇）『米国の冷戦終結外交――ジョージ・H・W・ブッシュ政権とドイツ統一』有信堂高文社
下斗米伸夫（二〇二〇）『新危機の20年――プーチン政治史』朝日選書
――（二〇二二）『プーチン戦争の論理』集英社インターナショナル
寺島隆吉（二〇二二）『ウクライナ問題の正体（一・二・三）』あすなろ社
羽場久美子・小森田秋夫・田中素香編（二〇〇六）『ヨーロッパの東方拡大』岩波書店
羽場久美子（二〇一六）『ヨーロッパの分断と統合――拡大EUのナショナリズムと境界線――包摂か排除か』中央公論新社
ヒル、フィオナ、クリフォード・G・ガディ（二〇一六）『プーチンの世界――「皇帝」になった工作員』濱野大道・千葉敏生訳、畔蒜泰助監修、新潮社
広瀬佳一編著（二〇一九）『現代ヨーロッパの安全保障――ポスト二〇一四：パワーバランスの構図を読む』ミネルヴァ書房
藤森信吾（二〇〇〇）「ウクライナとNATOの東方拡大」『スラブ研究』四七号
ベーカーⅢ、ジェームズ・A（一九九七）『シャトル外交　激動の四年（上・下）』仙名紀訳、新潮文庫

マクフォール、マイケル（二〇二〇）『冷たい戦争から熱い平和へ——プーチンとオバマ、トランプの米露外交（上・下）』松島芳彦訳、白水社

吉留公太（二〇二一）『ドイツ統一とアメリカ外交』晃洋書房

Asmus, Ronald D. (2002), *Opening NATO's Door: How the Alliance Remade Itself for a New Era*, Columbia University Press.

Bush, George H. W. (1990), *Public Papers of the President of the United States*, U. S. Government Printing Office.

Genscher, Hans-Dietrich (1998), translated by Thomas Thorton, *Rebuilding a House Devided: A Memoir by the Architect of Germany's Reunification*, Broadway Books.

Hill, William H. (2018), *No Place for Russia: European Security Institutions Since 1989*, Columbia University Press.

Sarotte, M. E. (2021), *Not One Inch: America, Russia, and the Making of Post-Cold War Stalemate*,Yale University Press.

インターネット文献

軍事侵攻直前　プーチン大統領　演説全文(https://www3.nhk.or.jp/news/html/20220304/k10013513641000.html 二〇二二年三月二九日アクセス)

コラム 1

ユーゴスラヴィア紛争からの教訓

山崎信一

想起させる戦争

二〇二二年二月、ロシアのウクライナ侵攻により始まった戦争は、世界に大きな衝撃を与えたが、旧ユーゴスラヴィアの国々もその例外ではなかった。到来するウクライナからの難民、国外に逃れたロシア国民をはじめ、報じられるウクライナ戦争の様子は、多くの人々に一九九〇年代に起こった一連のユーゴスラヴィア紛争を想起させたのである。クロアチアでは、ウクライナ戦争初期に激戦が展開された南部の都市マリウポリを、クロアチア紛争の激戦地であった東部の都市ヴコヴァルになぞらえ、メディアには「マリウポリはウクライナのヴコヴァル」との見出しが躍った。またセルビアでは、ヨーロッパの多くの国の世論とは異なり、戦争が始まった後も親ロシアの国民感情が一定の力を持ち続けている。セルビア政府は、一方ではEU統合を目指しながら、その対ロシア制裁には同調しないなど、独自の政策を追求しているが、その背景にあるのは、後述するコソヴォ問題である。国民の親露感情にも、紛争の中で形成された西側への反感の裏返しという要素が多分に存在している。このように見てみれば、ウクライナで戦争が続く中、改めてユーゴスラヴィア紛争に目を向けることにも意味があるだろう。

ユーゴスラヴィアは、第二次世界大戦後は、スロヴェニア、クロアチア、ボスニア・ヘルツェゴヴィナ、セルビア、モンテネグロ、マケドニア（現・北マケドニア）の六つの共和国とセルビア共和国に属するヴォイヴォディナとコソヴォの二つの自治州からなる連邦制をとる社会主義国であり、それぞれの共和

出典：柴宜弘『ユーゴスラヴィア現代史(新版)』(岩波新書、2021年)より作成

旧ユーゴスラヴィアの現在

国内にも多民族が共生する国家であった。東欧圏における社会主義体制の崩壊を一因として、一九九一年には連邦が実質的には解体し、その後一〇年にわたり断続的に武力紛争が展開されることとなった。一九九一年六月のスロヴェニアの独立宣言を端緒とする武力衝突(「十日間戦争」)は小規模に終わったが、同時期のクロアチアの独立宣言は、国内セルビア人の武力による抵抗と連邦軍の介入を招き、一九九一年秋には激しい戦闘が展開された。一九九二年以降は、国連PKO部隊の展開もあって小康状態となり、最終的には一九九五年のクロアチア軍によるセルビア人地域の武力解放によって終わりを迎えることとなった。ユーゴスラヴィアにおける武力紛争で最大の犠牲

者を出したのは、一九九二年春から一九九五年秋にかけてのボスニア内戦であった。旧ユーゴスラヴィアの中でも特に民族混住地であったボスニアは、ボスニア・ムスリム、セルビア人、クロアチア人による三つ巴の戦争の舞台となり、それは一九九五年秋に和平が合意されるまで続いた。およそ三年半にわたる戦争で、戦前の人口約四〇〇万人のボスニアにおいて、一〇万人を超える死者と人口の三分の一とも言われる難民・国内避難民を出した。次に旧ユーゴスラヴィアで戦争の舞台となったのは、セルビアの自治州であり、アルバニア人が多数派を構成するコソヴォである。コソヴォのアルバニア人は、社会主義期から権利拡大を要求し続けてきた。一九八〇年代末に実質的に自治権が無効にされたことを受け、一九九〇年代前半には非暴力の抵抗運動が展開された。その後は武装組織であるコソヴォ解放軍による武力の抵抗が展開され、一九九八年からセルビア治安部隊との衝突が頻発するようになる。一九九九年のセルビアなどへの空爆によるＮＡＴＯの軍事介入を経て、コソヴォは国連の暫定統治下に置かれた。その後二〇〇八年にコソヴォは独立を宣言したが、セルビアは独立を認めず、いまだに対立は継続している。二〇〇一年には、マケドニアにおいても、政府軍とアルバニア人武装勢力の武力衝突が発生したが、本格化する前にアルバニア人の自治権拡大を定める合意が結ばれ解決をみた。

ウクライナ戦争との共通点と相違点

この一〇年にわたったユーゴスラヴィアの紛争は、ウクライナの戦争と比較すると、多くの共通点を持っていることがわかる。まず、紛争の背景としての、多民族連邦国家の解体と、それに伴う多数派民族が少数派化することへの危機感の存在である。セルビア人は、ユーゴスラヴィアでは最多数民族であったが、ユーゴスラヴィア解体により、クロアチアとボスニアでは、セルビア本国と切り離され、それぞれの共和国で少数派になることになり、そのことへの反発が武力による抵抗に繋がった。ウクライナにおいても、東部におけるロシア語話者住民のウクライナ化への抵抗が、ロシアによる侵攻の背景として挙げられる。

また、戦争において、正規軍ではないパラミリタリーが大きな役割を果たしている点も双方に共通している。旧ユーゴスラヴィアでは、民族主義政党などを母体に、各民族のさまざまな非正規の武装勢力が結成され戦闘に加わった。セルビア人のアルカン・虎部隊、クロアチア人のHOSなどの他、ボスニア・ムスリムの側に立った「ムジャヒディン」に代表される外国人部隊も戦闘に加わっている。コソヴォ紛争では、アルバニア人のコソヴォ解放軍が急速に勢力を拡大して地上での戦闘を担い、マケドニアでもアルバニア人により民族解放軍が結成された。今回のウクライナの戦争においても、ウクライナ側の「アゾフ」を始め、ロシア側でも民間軍事会社とされるワグネルやチェチェンのカディロフツィと呼ばれる部隊が戦闘の担い手となっているとされ、双方に外国人部隊が参加していると報じられている。こうしたパラミリタリーを一つの担い手としての凄惨な暴力のあり方も、二つの戦争に共通する点と言えるだろう。武器を持たない市民の殺害、戦時性暴力といった戦争犯罪が大規模に行われた。

さらに、メディアの報道のあり方や、意図的な情報操作が問題とされる「情報戦争」の側面がどちらの戦争にもある点も指摘できるだろう。ボスニア内戦に際しては、最初、セルビア人による暴力を指してメディアで「民族浄化」という言葉が用いられ始めた。その後、「民族浄化」はより一般的に特定領域からの他民族の排除を示す用語として、世界各地の現象に対して広く用いられるようになった。無論、映像メディアや活字メディアがほぼ唯一の情報源であったユーゴスラヴィア紛争と、インターネットが大きな役割を果たしている現在のウクライナ戦争では、質的に異なる点もある。

双方の戦争には、相違点も存在する。約三〇年という時間的な間隔に起因する技術的側面(例えばウクライナ戦争におけるドローンの役割)は別にしても、最大の相違点として浮かび上がるのは、戦争終結に向けた国際的な枠組みの有無である。ユーゴスラヴィアにおいては、クロアチアとボスニアの紛争初期から、国連が問題解決に向けての主体的な役割を果たそうとした。クロアチアとボスニアには、国連PKO部隊が展開し、また、国連がEUと共同で和平案作成にも関与した。ボスニア紛争は最終的には、アメリカの主導する和平交渉によるデイトン合意により解決をみたが、それも、数多くの和平へのイニシアチブの延長にあるものである。コソヴォ紛争においては、主要国による連絡調整グループが和平交渉を仲介し、NATO空爆を経た後には、国連がコソヴォ暫定統治の担い手として大きな役割を担った。また、マケドニアにおいて紛争が本格化する前の解決をもたらした成功例とも称されるオフリド合意を仲介したのはEUであった。

ウクライナの戦争においては、仲介者としての国連の機能不全が目立つ。これは、安保理常任理事国であるロシアが紛争当事者であるためだが、その他の国々からも、トルコなどを例外とすれば和平に向けての動きは目立たない。

原点としてのコソヴォ問題

現在のウクライナ戦争を見ると、ユーゴスラヴィア紛争、中でもコソヴォ問題が、ウクライナ戦争の抱えるいくつかの問題の「原点」となっているように思われる。一つは、国連安保理決議によらない武力介入という点においてである。クロアチアとボスニアの戦争は、一義的には内戦であり、当事者以外の介入は非常に限定的であった。一方コソヴォ紛争においては、NATO軍がセルビアなどへの空爆という形で武力介入を行った。これは、国連安保理決議によらないものであった。その論拠とされたのが、和平交渉が行き詰まる中、コソヴォで行われたセルビア治安部隊によるアルバニア人市民への暴力を抑止するための「人道的介入」との主張であった。国連安保理決議を経ない軍事介入は、その後も二〇〇三年のイラク戦争で繰り返された。ロシアのウクライナ侵攻も、無論、国連安保理決議と無縁になされたものである。

もう一つは、「国家承認」をめぐる問題である。潜在的に主権を有する六つの連邦構成共和国の独立に際しては、その承認をめぐる問題は基本的に発生しなかった。しかし、紛争の過程では、その他に、クロアチアとボスニアのセルビア人勢力による自称国家である、「クライナ・セルビア人共和国」と、「セルビア人共和国」の樹立が宣言された。ただしこれらはセルビア本国（当時のユーゴスラヴィア連邦共和国）からすら国家承認を得られない未承認国家であった。共和国ではなく、セルビアに属する自治州に過ぎなかったコソヴォでは、アルバニア人の政治勢力により一九九〇年に独立宣言がなされたが、統治実態を持たず、また国際的承認も得られなかった。その後のコソヴォ紛争を経て、コソヴォは国連の暫定統治下に置かれた。二〇〇八年二月には、アハティサーリ国連特使（元フィンランド大統領）がまとめた、多民族国家としてのコソヴォの独立を勧告した調停案に基づいてコソヴォは独立を宣言したが、セルビアは独立を認めず強く反発した。コソヴォの独立は西側諸国を中心にかなりの承認を得たが、独立される側のセルビアの合意なく行われたという点では特異なものであった。

同年八月、グルジアは政府の統治が及んでいなかった南オセチアに対する軍事攻撃を行った。これは、南オセチアの後ろ盾となっていたロシアとグルジアの戦争につながり、ロシアは「未承認国家」であったグルジア領のアブハジアと南オセチアの独立を承認した。このことが、コソヴォ独立宣言や西側諸国による国家承認と無関係であったとは言えないだろう。さらに、二〇一四年のウクライナ領クリミアの独立承認と直後のロシアへの併合、そして二〇二二年の開戦直前のウクライナ東部二州の独立承認と同年九月の東部・南部四州のロシアへの併合の宣言と続く。

もちろん、曲がりなりにも問題解決を標榜したコソヴォにおける事例と、自国領土の拡大を目的とするように見えるロシアのウクライナ侵攻の事例をまったく同列に論じることはできないだろう。しかし両者に論理的なつながりを見出しうることもまた否定できない。

武器がもたらしたものは

社会主義期のユーゴスラヴィアは、一九四八年のソ連との決別後、東西両陣営から距離を置き、第三世界諸国との関係強化を志向する非同盟外交を展開した。また、社会主義諸国全体の利益のためには一国の国家主権を制限しうるとするブレジネフ・ドクトリン(制限主権論)の適用を警戒して、地域有数の軍事大国ともなっていた。さらに第二次世界大戦において、共産党が主導し多くの農民を組織したゲリラ戦部隊であるパルチザンが、ほぼ独力で枢軸国からの解放を達成した成功体験をもとに、「全人民防衛体制」と称する、有事の際に一般市民の武装抵抗を制度化する体制をとり、各地に武器庫も整備された。社会主義国家ユーゴスラヴィアの存続の間、国外からの侵攻に遭うことはなかったが、こうした武器は、相互の内戦で用いられることとなった。この内戦は多数の犠牲者を生み出したのみならず、現在にまで続く深刻な相互不信と対立を当事者の間にもたらした。また、コソヴォ紛争におけるNATOの軍事介入は、「平和をもたらす」という名目のもとに行われたものであったが、介入直後には、現地における暴力は逆に悪化して多数の難民を生み出した。また、「誤爆」による犠牲者、空爆で用いられた劣化ウラン弾による健康被害も生じた。仲介者であったはずのＮＡＴＯが「敵」となったことは、セルビア人の間に西側への不信感を増大させた。そして何より、戦争終結から三〇年近くを経ても民族間の対立が続き、戦争が決定的に破壊してしまった多民族が共存する社会の再建に大きな困難を抱えるボスニアやコソヴォの状況を見るに、武力によらない解決の道を追求し続けることが、より重要であったのではないかと思われてならない。ユーゴスラヴィア紛争の事例を見ても、ひとたび戦争が起これば、その負の影響は、何十年も社会に残り続けることになる。少なくとも武器が平和を守ったと簡単に言うことはできないのではないだろうか。

【参考文献一覧】

佐原徹哉（二〇〇八）『ボスニア内戦――グローバリゼーションとカオスの民族化』有志舎

――（二〇二二）「アゾフ・ノート――ウクライナ戦争とパラミリタリー」『国際武器移転史』第一四号

柴宜弘（二〇二一）『ユーゴスラヴィア現代史〈新版〉』岩波新書

廣瀬陽子（二〇一四）『未承認国家と覇権なき世界』ＮＨＫブックス

第Ⅱ部　近現代世界史の中の戦争と平和

ウクライナ戦争は、大規模な戦争が過去のものになったと思っていた多くの人びとを驚かせた。世界にとってこの戦争がもつ意味を確認するためには、近現代世界で、戦争がどのような形で起こってきたかを振り返ってみる必要がある。さらに、戦争の背景となってきた軍備拡張の動きと、それを抑えようとする軍備縮小の試みとが、いかなる軌跡を描いてきたかを検討してみることも求められる。

戦争は大きな犠牲を常に伴う。そうした戦争を国際社会からなくしていくために、また、たとえ戦争が起こった場合でもその犠牲を減らしていくために、多様な努力が重ねられてきたことにも注意したい。戦争をなくし、平和な世界をつくるための運動はさまざまなレベルでなされてきたが、世界の人びとが市民レベルで繰り広げてきた運動の意味はとくに大きい。こうした取り組みの姿を歴史的に探ってみたい。

第3章 どのような戦争が起こってきたか

木畑洋一

ウクライナ戦争の衝撃

ウクライナ戦争は、世界に大きな衝撃を与えた。正規軍同士が戦闘を繰り広げる国家間の戦争はなくなってきているというイメージを覆す戦争の生々しい姿を、世界の人びとが目撃することになったからである。これを引き起こしたロシアのウラジーミル・プーチン大統領は、「特別軍事作戦」であると言いつづけているが、これがロシアによるウクライナに対する侵略戦争であるということは疑いない。この戦争の背景をめぐっては、本書の第I部で論じられているように、新自由主義的グローバル化がソ連崩壊後のロシアにもたらした状況やNATOの東方拡大政策などを考慮しなければならないし、さらに日本の報道では隠れがちな、ウクライナ側がかかえていた政治腐敗や極右勢力の動きといった問題にも十分注意を払う必要があるが、直接の戦争原因となったのは、ウクライナの領土分割、さらにはウクライナへの支配権回復をめざすロシアの姿勢に他ならなかった。プーチンは、過去のものになったかに思われていた形の戦争によって、その望みを実現しようとしたのである。またブチャにおける大量虐殺(二〇二二年二―三月)などに示されるように、戦争遂行に伴って非人道的な残虐行為が行われていることも、広く報道されている。

国家間の戦争は近年確かに減ってきてはいるものの、決してなくなったわけではない。二一世紀に入ってからでも、ウクライナ戦争でロシア批判の急先鋒に立っているアメリカ自身が、のちに根拠がないと判明することになる開戦理由(アルカーイダとの関係や大量破壊兵器の保有)のもとで、イラクに対する戦争を遂行したことは、すぐ頭に浮かんでくる。また非人道的な残虐行為も、旧ユーゴスラヴィアやルワンダの内戦で繰り広げられた「民族浄化」の動きをはじめ、さまざまなところで見られてきた。パレスチナでは、イスラエルがパレスチナ・アラブ人に対して、いわば恒常的に戦争に近い状態をつづけ、非人道的な弾圧行為を繰り返してきている。そのようななか、ウクライナ戦争は完全に特異な出来事であるとは決して言えないものの、その露骨さにおいて、またその衝撃の大きさにおいて、群を抜いている。

こうしたウクライナ戦争が、戦争というものに関する議論に新たな刺激を与えたことは確かである。本章では、ウクライナ戦争の歴史的意味を考えていくための手掛かりとして、一八七〇年代から現在に至る期間に、世界でどのような戦争が起こってきたかを、筆者なりにまとめてみたい(有益な概観として、フリードマン 二〇二一、およびマクミラン 二〇二一。さらに木畑 二〇二三も参照)。

I　帝国主義の時代と植民地戦争

「ヨーロッパの平和」の陰で

一八七〇年代から第一次世界大戦が始まるまでの時期は、帝国主義の時代と呼ばれる。世界のなかでのヨーロッパの優位が確立し、ヨーロッパの列強が競って植民地獲得に乗りだし(アメリカや日本も遅れてそれに加わった)、その結果、世界が支配する国々と支配される地域とに大きく分かれていった時代である。植民地を支配する帝国が並立、競合する時代であり、これは世界史的にみて新たな時代であった(木畑 二〇一四)。そのヨーロッパでは、この時代に、プロイセン・フランス戦争(一八七〇—七一年)以降戦争が起こることがなく、「ヨーロッパの平和」と呼びうる状況が見られた。しかし、ヨーロッパの周辺やヨーロッパ以外の地域では、さまざまな戦争が生じていた。ロシア・トルコ戦争(一八七七—七八年)、清仏戦争(八三—八五年)、日清戦争(九四—九五年)、アメリカ・スペイン戦争(九八年)、南アフリカ戦争(一八九九—一九〇二年)、日露戦争(〇四—〇五年)、イタリア・トルコ戦争(一一—一二年)、二度にわたるバルカン戦争(一二—一三年)などである。

このような比較的大規模な戦争の他に、世界の各地で生じていたのが、植民地戦争(colonial war)である。それを、ドイツの研究者ディールク・ヴァルターは、次のように定義している。「植民地的周縁地域において通常小さな戦争もしくは非対称的戦争の形で行使される物理的暴力であり、その目的は拡張している経済体制のなかに新たな領域を組み入れたり、その状態を維持したりしていくことである」(Walter 2006: p. 20)。これは的確な定義であるが、筆者としてはオランダのヘンク・ウェッセリングのより簡潔な定義(Wesseling 1989: pp. 2–3)を若干修正して、「植民地征服もしくは確保のための戦争であり、その目的は当該地域の人びとの永続的かつ包括的服従である」としておきたい。なお、植民地の征服・確保は帝国支配の最も枢要な部分であり、より広く帝国の拡大・維持という目的に着目する場合には帝国戦争(imperial war)という表現を用いることもできる。

先に列記した戦争の多くも植民地戦争としての性格を帯びていたが、代表的な植民地戦争としては、南部アフリカでのズールー戦争(一八七八—七九年)、第二次アフガン戦争(七八—八〇年)、スーダンでのマフディー運動鎮圧(八一—九八年)、エチオピア戦争(九五—九六年)、アメリカ・フィリピン戦争(九九—一九〇二年)、ドイツ領西南アフリカ鎮圧戦争(〇四—〇六年)などがあげられる。また中国での義和団運動鎮圧戦争(一九〇〇年)も、外国による自国分割の危機を感じて立ち上がった勢力に対する帝国主義列強の共同行動であった。

こうした植民地戦争の性格は、ヴァルターによる定義のなかで用いられている「小さな戦争もしくは非対称的戦争」という言葉に示されている。非対称的戦争(asymmetrical war)というのは、さまざまな面で、支配を試みる側(中心)と支配の対象となる側(周縁)の間で、非対称的な関係が見られる戦争である(Walter 2006)。植民地戦争は、中心の住民にとっては遠く離れた地での戦争でしかないが、戦場となる周縁の住民にとっての意味ははるかに大きい。周縁ではそれが総力戦的性格を帯びることもあるが、その場合は戦闘員と非戦闘員の区別が曖昧となり、中心側からの攻撃が、ドイツ領西南アフリカにおけるヘレロ人・ナマ人の大虐殺の場合のようにジェノサイド的様相を示すこともあった。使用される武器も、中心側が近代的兵器を備えていたのに対して、周縁側には通常それが不足していた。そして、これらの結果として、犠牲者数も非対称的となった。極端な例でいえば、イギリス側がスーダンのマフディー運動(スーダンを支配していたイギリス・エジプト勢力に抵抗したムハンマド・アフマドが自らをマフディー、すなわち救世主と名乗って始めた武力闘争)を最終的に屈服させた一八九八年のオムドゥルマンの戦いでのイギリス側死者は四八人であったのに対し、スーダン側の死者は約一万一〇〇〇人と推計されている(Judd 1996: p. 101)。

一方、「小さな戦争(small war)」という表現は、一八九六年にイギリスの軍人コールウェルが出した同名の本に由来する(Callwell 1906)。植民地戦争の戦い方について論じたこの本は、植民地戦争の性格にも鋭い洞察を加えていた。それによると、通常の戦争は国家の正規軍同士が戦うものであるが、中心側の正規軍が植民地での「小さな戦争」で戦う相手は、正規軍ではなくてパルチザンなどであった。

こうした植民地戦争においては、中心の人間が周縁の人間に対して抱く人種的差別意識から、戦いが対等な人間同士のものであるとみなされない場合も多く、戦闘での野蛮性はとりわけ激しくなった(Wagner 2018)。その極限が、先に触れたヘレロ人・ナマ人の大虐殺で、ドイツ軍によって殺害されたヘレロ人は全人口の八割に、ナマ人は五割に及んだと推定されている。

帝国主義国の競合と協調

植民地獲得競争を行うなかで、帝国主義国同士の武力衝突につながる危険が生じる場合もあらわれた。アフリカ分割をめぐる英仏間のファショダ事件(一八九八年)の例はよく知られている。しかし、結局一九一四年までヨーロッパの国同士の戦争は回避された。「ヨーロッパの平和」を維持するために、各国は、工業化や軍備強化によって経済力・軍事力の増大を図り、国民国家としての内実を固めつつ、外交においては、いわゆる勢力均衡政策と同盟政策とを追求していった。代表的な同盟は、一八八〇年代に成立したドイツ、オーストリア、イタリアから成る三国同盟、九〇年代につくられた露仏同盟であり、さらに一九世紀中はこうした動きの外に立っていたイギリスも、二〇世紀に入って、日本(日英同盟、一九〇二年)、フランス(英仏協商、〇四年)、ロシア(英露協商、〇七年)と同盟関係を結ぶことになった。

このような同盟のなかで植民地支配をめぐる協調関係が作られたことも、忘れてはならない。日英同盟(朝鮮と中国、さらにインドを対象)にせよ、英仏協商(エジプトとモロッコを対象)、英露協商(ペルシアとアフガニスタン、チベットを対象)にせよ、そうした性格をもっていたのである。さらに、中国での義和団運動鎮圧戦争では、八カ国が連合軍をつくって協力した。

同盟関係については、本来それが戦争を抑止するはずのものであると考えられていたことに、注意する必要がある。しかし実際には、各国は同盟関係を取り結びながら、軍事力の強化に走っていった。各国間の軍備拡張競争は、日露戦争頃から強まっていき、一九一二年頃からさらに激しさを増していった(Stevenson 1996)。しかもこのような軍拡競争は、互いに相手を脅威と見る排他的なナショナリズムの鼓吹を伴っていた。そうしたなかでの軍備増強は、「戦争よりも平和のための抑止効果があると正当化されはしたが、現実にはどの国も、想定敵国の軍備に対応するみずからの軍備増強を緩和できなかった」。そして「国際緊張と軍拡の悪循環で、戦争がひとつの救いでもあるかのような雰囲気が醸成されていった」のである(ジョル 一九九七:三〇九頁)。

Ⅱ 二つの世界大戦

第一次世界大戦

このような雰囲気のなかで、一九一四年六月にサラエヴォ事件が生じ、その後約一カ月の間に政治指導者たちのさまざまな錯誤が重なるなかで(クラーク 二〇一七)、第一次世界大戦が始まった。この戦争は当初、ごく短期間で終わるものと考えられていたが、予想をはるかにこえる長期戦となり、またヨーロッパ以外の広い地域を巻き込んでいった。

この戦争は、帝国主義の時代に競合してきた列強の間での帝国戦争という性格をもち、参戦した主要国は、支配圏の拡大や確保という目的を、いわば「隠された戦争目的」としてもっていた。中東を対象とするイギリスの三枚舌外交(アラブ人に対するフサイン＝マクマホン書簡、フランスとの間のサイクス＝ピコ協定、ユダヤ人に対するバルフォア宣言）や、日本が大幅な権益拡大を求めた中国に対する二十一カ条要求などは、その性格を物語っていた。また、アフリカのドイツ支配地域をめぐる戦闘（トーゴランド、カメルーン、ドイツ領西南アフリカ、ドイツ領東アフリカで戦闘が展開）は、植民地戦争の継続という面をよく示していた。

戦争は一進一退の状況を見せ、遅くまで勝敗の行方は分からなかった。この戦争に際しては、兵器が大量生産、大量使用され、戦車（タンク）、飛行機、毒ガスなどの新兵器が投入されたものの（本書第4章参照）、それらも戦争の帰趨に決定的な役割を果たすことはできず、両陣営におけるばく大な軍事力の投入は、大量の犠牲者を生み出す結果を招いただけであった。たとえば、西部戦線における激戦であったヴェルダンの戦い（一六年二―一二月）では、ドイツ側約一四万人、フランス側約一六万人の死者が出たのである。この死者数は、ヨーロッパでのこの戦争が植民地戦争とは異なって非対称的な戦争ではなかったことを示している。最終的な戦争の終結をもたらしたのは、一七年に戦争に加わったアメリカの軍隊が一八年になって本格的に参戦するなかで生じた、ドイツ国内での革命状態であった。

この戦争ではまた、多くの一般住民が犠牲となった。それは、この戦争が総力戦という様相を呈したためである。総力戦とは、国の総力を注ぎ込まなければ戦えないような戦争で、国民生活のあらゆる部門が戦争遂行のために組織される戦争である。先に植民地戦争で周縁の側が総力戦的性格を帯びることがあると述べたが、第一次世界大戦ではヨーロッパの交戦国が、総力戦に突入したのである。総力戦のもとでは、直接戦闘が展開する前線に加えて、軍事のための生産活動を行い、戦争遂行を士気の面でも支える交戦国の社会の意味するところがきわめて大きくなった。それは、戦闘に携わる兵士に加えて、非戦闘員も攻撃の的となることを意味し、この戦争では軍人死者約九〇〇万人とほぼ同じくらいの数の一般住民が犠牲になっていったと推定されている。

この戦争ではさらに、交戦各国、とりわけイギリスやフランスの帝国内各地から人員や物資が大量に動員された。筆者はそれを比喩的に「帝国の総力戦」と呼んで強調してきた(木畑 二〇一二)。植民地の人びとの助力をあおぎながら戦われた「帝国の総力戦」の結果、植民地の地位向上、さらには自立・独立を望む植民地ナショナリズムは強まりを見せ、帝国主義の時代に作られた世界体制を崩していこうとする脱植民地化に向かう動きが始まっていった。

「戦間期」と植民地戦争

ばく大な犠牲を生んだ第一次世界大戦が終わると、平和な世界への願望が広がるなか、そのための新たな国際組織として国際連盟がつくられ、さらに一九二八年にはパリ不戦条約が結ばれた。こうした動きについては、本書第5章を参照されたい。

ただし、帝国主義の時代に構築された世界体制は、国際連盟のもとでは温存された。委任統治(mandate)という仕組みによって、大戦で敗れたドイツやオスマン帝国の領土が、イギリスやフランス、日本など戦勝国の統治に委ねられることになったが、これは「隠された併合」と呼ばれることがあったように、新たな形での植民地再分配に他ならなかった。

そして、平和への志向の陰で、植民地戦争は継続した。たとえば、イギリスの委任統治地域となったイラクでは、二〇年の統治開始に先立って大規模な反英反乱が生じ、それにイギリス側が苛酷な弾圧を加えた。イギリス側が空爆によって村落を破壊するなどして、イラク側の死傷者は一万人をこえたと推定されている。一方、イギリス側の死者は四〇〇人余り、負傷者は約一三〇〇人であった(Newsinger 2013: p. 126)。スペイン領モロッコのリーフ地方では、二一年からスペインに対する反乱が起こり、二三年からはリーフ共和国という国も建てられた。それに対してスペインはフランスの協力のもとに鎮圧活動を続けたが、ここでも空爆が実施され、また毒ガスも用いられた(深澤二〇一五)。また一二年にイタリアが領有を開始して以降抵抗が絶えなかったリビアで、二三年から激化した抵抗運動に対するイタリアの軍事行動に際しても、毒ガスが使われたり、一般住民の大量殺戮が実行されたりした。キレナイカ地方では人口の約四分の一が犠牲になったという(Mann 2005: p. 309)。

一九三〇年代になると、世界恐慌が影を落とすなかで、戦争の足音が再び高まってきた。その皮切りとなったのが、日本による満州事変(一九三一年)である。満州事変は、第一次世界大戦以降進み始めた脱植民地化の流れに逆行する新たな植民地的領土拡大のための戦争に他ならなかった。それに対し、イギリスやフランスといった植民地支配大国は、自国の支配権益が侵されない限り容認する宥和的な姿勢をとった。三五年には、イタリアがエチオピア侵攻に乗り出したが(アビシニア戦争）、これは一九世紀末以降のイタリアの侵略欲の帰結であり、まさに典型的な植民地戦争であった。ここでは、毒ガスが使用され、また直接の戦争終結後も強制収容所への住民収容がなされるなど、「残虐な戦争」の様相が露わに示された。そして、イタリア人死者が約三〇〇〇人であったのに対し、数万もしくは数十万のエチオピア人が死んでいった（マゾワー 二〇一五：一〇二頁）。この戦争に際して、英仏がイタリアの行動をはっきりと容認する積極的宥和姿勢をとったことは（ホーア＝ラヴァル案）、植民地支配をめぐる帝国支配国の間の共感をよくあらわしていた。

こうした宥和姿勢は、三〇年代後半にドイツが次々に東方への勢力拡大の動きをとることに対しても示された。しかし、それにも限度はあり、三九年九月、ドイツがポーランドに軍事侵攻したことに対して英仏はドイツへの宣戦布告をもって応えることになった。

第二次世界大戦

この一九三九年九月はヨーロッパにおける戦争が始まった時であったが、ヨーロッパでの戦争は、すでにアジアで進行していた戦争と、四一年一二月に日本による英領マラヤおよびハワイへの攻撃によって結びついた。

第二次世界大戦は、新たな領土・植民地の拡大をめざす攻勢的な国々（ドイツ、イタリア、日本）と、そうした攻勢をかわしつつ既存の支配領域・植民地を維持していこうとする国々（イギリス、アメリカ、ソ連）との間の戦争という構図をとることになった。ここでは、アメリカ（フィリピンなどを支配）

にせよソ連(旧ロシア帝国の版図を継承)にせよ、帝国としての性格を備えていたことに注意したい。ドイツなどのファシズム陣営とそれに対抗する反ファシズム陣営の間の戦争(反ファシズム戦争)という性格が第二次世界大戦の特色であることは疑いないが、この戦争は、植民地戦争の系譜を引く帝国戦争としての性格をもっていたのである。第二次世界大戦の軍事史についての代表的研究者リチャード・オウヴァリーも、大戦を包括的かつ詳細に分析した近著で、次のような見解を示している(Overy 2021: p. xi)。

長い第二次世界大戦は最後の帝国戦争であった。……さまざまな地域と闘争の方式とをつなぎあわせるものは、グローバルな帝国秩序であった。主としてイギリスとフランスによって牛耳られていたその秩序が、「もたざる国」と呼ばれた日本、イタリア、ドイツを刺激して空想的野望を抱かせたのであり、この国々は自らの帝国支配領域を征服、拡大していくことによって、国としての生存を確かなものにし、国としてのアイデンティティを示そうとしたのである。

この戦争で目立ったのは、航空機による空爆が大きな役割を演じたことである。すでに触れたように、空爆による大量破壊は、第一次世界大戦後の植民地戦争のなかで試みられてきていたが、それが、アジアにおいても(日本軍による南京爆撃や重慶爆撃、米軍による日本各都市爆撃)、ヨーロッパにおいても(ドイツ軍によるロンドン爆撃など、米英軍によるハンブルク爆撃やドレスデン爆撃など）実行されていった（荒井 二〇〇八）。このような空爆による残虐な戦争行為が極まったところで登場したのが、核兵器である。それによって、人類の絶滅を可能にする武器に人間は直面することになった。

空爆の実施は、先の大戦に続いてこの大戦でも交戦諸国が総力戦体制に入ったことと密接に関連していた。一般住民に大量の犠牲者を出す空爆によって、総力戦を支える人びとの士気をくじき、戦局を自陣営に有利に導くことが目指されたわけである。その結果、第二次世界大戦での一般住民の犠牲者数（さまざまな推定がなされているが、ここでは約三八〇〇万人としておく）は軍人の犠牲者数（約一五〇〇万人）をはるかにこえたのである。

一般住民の犠牲者のなかには、ホロコーストで殺された六〇〇万人にのぼるユダヤ人も含まれている。このユダヤ人やロマの大量虐殺は、帝国主義の時代に広がった人種主義の極端な形での展開を背景としていたが、大戦のさまざまな局面で「人種戦争」的な性格が見られたことは、指摘しておく必要があろう（ダワー 一九八七）。

こうした「人種戦争」的性格も帝国戦争としての第二次世界大戦の姿を示すものであったが、その姿はまた、第一次世界大戦同様、植民地の人員・物資を大量に動員する「帝国の総力戦」が再び現出したことにもあらわれた。ただ、この大戦の場合には、インド国民会議派のようにそれに抵抗する姿勢も目立つようになり、植民地の自立・独立への動きは、戦後加速化していった。

Ⅲ　冷戦と脱植民地化

冷戦の様相

第二次世界大戦後、戦争中は連合国として協力していたアメリカとソ連がそれぞれ中心となる西側陣営と東側陣営が軍事的緊張関係のなかで対立する冷戦が、一九八〇年代末まで続くことになった。冷戦は、勢力圏をめぐる地政学的対立と、資本主義と社会主義という体制選択をめぐるイデオロギー的対立とを抱えながら展開していったが、その対立が最も顕在化したといえるヨーロッパでは、「熱い戦争」へと進んでいくことはなかった。そのため、代表的な冷戦史研究者ジョン・ギャディスは、冷戦期を「長い平和」と表現したのである(ギャディス 二〇〇二)。ただし、ヨーロッパの外では、冷戦状況が「熱い戦争」に変わったとされる場合もあった。朝鮮戦争(一九五〇―五三年)やベトナム戦争(六〇―七五年)である。しかしこれらの戦争は、以下に述べる脱植民地化に関わる戦争の文脈でまず語られるべきであろう。

ここでは冷戦そのものが「熱い戦争」、それも核戦争になっていく危険性が何度も生じていたことに、注目しておきたい。イギリスの王立国際問題研究所が二〇一四年に出した報告書は、核兵器が用いられる可能性があった危機が、一九九一年までで一〇回、それ以降二〇〇二年までで三回も生じたとしている(Lewis *et al.* 2014)。最も深刻な危機が、六二年のキューバ危機であったことは、最近よく知られるようになった。先に名前をあげたギャディスも含め、「核抑止力」が働いたことによって平和が保たれたとする議論がしばしば聞かれるが、実際のところ「核抑止」がもたらしていたのは、核戦争にいつ何時でも陥りかねない「恐怖の均衡」であった。

核兵器以外の武器の生産や貿易の拡大も、冷戦期の「平和」の危うさを示していた。ストックホルム国際平和研究所のデータによると、主要武器の国際的移転規模は、一九六〇年前後に若干の縮小をみせたものの、八〇年代初めまで一貫して拡大し続けたのである。それがピークに達した八〇年代初めはちょうどヨーロッパにおいて、米ソ両陣営による中距離核兵器の配備をめぐって、核戦争についての危機感が高まっていた時期であった。一九八〇年にイギリス政府が広く配布した『身を守り生き残れ(*Protect and Survive*)』と題する小冊子では、核攻撃への備え方(放射性落下物から身を守るための密閉された部屋の用意など)や実際に核兵器による攻撃にさらされた場合の対処法(退避した部屋から家のなかの他の部分には短時間動いてもいいが家の外には絶対にでないようにせよ)などの指示がなされていたのである。

脱植民地化の戦争

帝国主義の時代に「ヨーロッパの平和」と多くの植民地戦争が並存していたように、冷戦期にはヨーロッパで「長い平和」が見られた反面、世界全体に広く眼を配ってみると、さまざまな戦争が生じていた。その多くは脱植民地化の戦争として性格づけることができる。帝国主義の時代に作り出された世界体制のもとで支配され従属する立場に置かれていた地域の人びとが、帝国戦争としての両世界大戦の経験をも背景としつつ、独立を求めて立ち上がったのに対し、支配国側が武力を用いてそれを弾圧しようとして生じた戦争である。

植民地の独立は、平和裡に交渉のもとで実現した場合も多いが、多大の犠牲を伴う戦争の結果はじめて実現した場合もしばしばあった。インドネシア独立戦争(一九四五—四九年)、第一次インドシナ戦争(四六—五四年)、アルジェリア戦争(五四—六二年)などが、すぐに想起される。また、通常、戦争とは呼ばれることはないものの、戦争に匹敵する大量の犠牲者を生んだ独立過程もあり、たとえばイギリスによるケニアの「マウマウ団」弾圧(五二—五六年)は、「イギリス・マウマウ戦争」として脱植民地化の戦争の一種とみなしうる。

さらに、帝国支配から独立した後の国の形をめぐって戦われる内戦も、脱植民地化の戦争と考えられ、コンゴ動乱(六〇—六三年)、ナイジェリアでのビアフラ戦争(六七—七〇年)などをあげることができる。朝鮮戦争もベトナム戦争も、独立が一応実現した後の国の形をめぐる内戦としての性格を色濃くもっていたといってよく、それに冷戦下での対立がかぶさった戦争であったと考えられる。脱植民地化と冷戦の絡まり合いという点こそ、第二次世界大戦後の世界史を見るうえで最も重要な視角なのである(ウェスタッド 二〇一〇)。

戦争史の計量的研究で有名な研究者は、かつての植民地戦争と四五年以降の戦争(主として内戦)との間に有意な関連があるという分析を行っている(Fearon and Laitin 2014.8.22)。四五年以前に現地の勢力が外国の植民者たちに対して戦ったことがあるところの方が、独立後に内戦が生じる可能性が高いのである。

植民地戦争から脱植民地化の戦争への継続性をめぐっては、植民地戦争を特徴づけた非対称性や残虐性が、植民地支配の残影として見られることも、指摘しておきたい。その際、独立運動抑圧のために残虐な暴力を用いた支配国側は、それを押し隠す傾向があった。アルジェリア戦争に関わる蛮行や「マウマウ団」弾圧行動をフランスやイギリスの政府が隠匿したことは、よく知られている。インドネシア独立戦争におけるオランダ側の残虐行為についても、オランダ政府は否定する姿勢をとりつづけてきたが、最近になってその様相が明らかになってきた(Oostindie *et al.* 2022)。

Ⅳ　冷戦後の戦争

「新しい戦争」と「対テロ戦争」

一九九〇年頃、冷戦は一応の終結をみた。冷戦下での東側陣営が崩壊し、その中心に位置していたソ連も解体したのである。ソ連が帝国的構造をもち、ソ連と東欧諸国との関係も「非公式な帝国」としての性格を備えていたことから、筆者はこの頃を脱植民地化も一段落した時期であると見ている。

冷戦終結時には、平和な世界がついに到来したという希望的観測が抱かれたが、その夢はすぐに破れ、その後も戦争は相変わらず生じてきた。とりわけ、旧ユーゴスラヴィアやルワンダなど、世界各地での内戦が目立ち始めたのである。そうした戦争について提起されたのが「新しい戦争」論である。

「新しい戦争」論とは、国家と国家の間の戦争は「古い戦争」になってしまったとして、内戦など国家以外の主体が関わる戦争がそれに取って代わったとする考え方である。民族や宗教などのアイデンティティをめぐる政治をその重要な要因として強調したイギリスのメアリー・カルドーの議論(カルドー 二〇〇三)が有名であるが、ここではドイツのヘアフリート・ミュンクラーの議論を紹介しておこう(Münkler 2002)。彼によると、互いの軍隊による対称的な形の戦争であった国家間の戦争は「歴史的に終結したモデル」となったのであり、それに代わる「新しい戦争」では、国家が暴力を独占しなくなるなかで戦時暴力が非対称的な構造を示し、そのもとで前線という存在は消えて一般住民が標的となる。そして戦争で利得を得る人びとが重要な役割を演じるようになるのである。

こうした「新しい戦争」論が二〇世紀から二一世紀への世紀転換期に広がっていた頃(カルドーの原著は一九九九年に、ミュンクラーの本は二〇〇二年に出版された)、二〇〇一年に「同時多発テロ」事件が発生した。それをきっかけとしてアメリカから打ち出されてきたのが、「対テロ戦争」論である。アメリカは、自国に向けられたテロ活動の根拠地とみたアフガニスタンに対する攻撃を行い、さらにイラクとの戦争も強行した。そして、これらの戦争を国際的テロリズム根絶のための「対テロ戦争」と呼んだ。「対テロ戦争」の対象となったのはアフガニスタンやイラクの政権であったが、それはあくまでもテロの根を絶つためであるとして正当化されたのである。そして戦争の主体は、アメリカを中心としイギリスなど多くの国が協力する多国籍軍という形をとった。国家対国家の戦争が「古い戦争」であるとすれば、これらの戦争は、「古い戦争」の形を残しながらも、新たな性格を帯びているとされたのである。

系譜としての植民地戦争

ただし、「新しい戦争」と呼ばれるものや「対テロ戦争」がどれほど過去の戦争と異なるものかについては、さまざまな議論がありうる。先に触れたミュンクラーの場合は、彼のいう「新しい戦争」が一七世紀の三十年戦争に似ているとしている。しかし、主権国家体制が世界で支配的になる前の時代の様相と、主権国家体制が展開した後にそれが相対化されていく時代の様相とを重ね合わせてしまうことについて、慎重でなければならないことはいうまでもない。一方、イギリスの歴史家リチャード・イングリッシュは、アイデンティティ政治の重要性であれ、一般住民を標的とする大規模な戦時暴力であれ、すでに近代戦争の一部を構成していたとして、「新しい戦争」論に疑問を投げかけている(イングリッシュ　二〇二〇：二七頁)。

ここでは、そうした議論を念頭に置きつつ、「新しい戦争」や「対テロ戦争」と植民地支配や植民地戦争とのつながりに注目したい。内戦史の研究者エドワード・ニューマンは、二一世紀に入ってからの一〇年余りの間に内戦が生じた地域の約八割が「二〇世紀における、以前の植民地地域であり、こうした紛争のほとんどは、直接・間接に、植民地支配の遺産に結びつく政治的危機に関わっている」と指摘している(Newman 2014: p. 184)。同時に、そうした植民地支配の遺制を強調しすぎることについてニューマンは慎重であるが、そのつながりの重要性は否定できない。

また、「対テロ戦争」についても、植民地戦争との類似性に注意を払う必要がある(木畑 二〇一八)。「対テロ戦争」で打倒の対象となる国際テロリスト勢力なるものは、植民地化を試みる国や植民地支配を維持しようとする国に対する抵抗者、反乱者と重ねることができる。そうした勢力を攻撃し打倒して「民主化」を実現しようとする試みは、植民地戦争における「文明」の拡大という目的を想起させる。また「対テロ戦争」での多国間協力も、帝国主義の時代における諸列強の協力関係になぞらえることができる。さらに交戦する主体の間で非対称性が示されるなかで、コールウェルの「小さな戦争」論が軍関係者によって新たに読まれはじめたということにも着目したい(青井 二〇一三)。

植民地支配、植民地戦争が現代の世界における戦争に影を色濃く落としていることは、そうした戦争をなくしていくために植民地支配のさまざまな遺制をいっそう払拭していく必要があることを意味している。植民地支配への反省(「植民地支配責任」の自覚)を含む国家間の真の平等性の追求や、植民地時代から持ち越された分断や差別を解消していく努力が求められているのである。もとより、戦争につながる要因がそれですべて消失してしまうわけではないが、ともすると忘れられがちなこうした歴史的視座は、現代世界の紛争・戦争について考えていく上で重要である。

V　ウクライナ戦争の性格

以上、筆者なりに近現代世界における戦争の系譜を追ってきたが、それを踏まえてウクライナ戦争の意味について、改めて考えてみたい。

ウクライナ戦争は、ロシアとウクライナという独立国家の間の戦争であり、いわゆる「古い戦争」の部類に入る。「新しい戦争」論の旗手メアリー・カルドーも、この戦争は国家の軍隊同士が戦う「伝統的戦争」であるとみなしている(Kaldor 2022. 6. 16)。

ここで強調したいのは、この戦争が、かつてのロシア帝国の版図の回復をめざす、植民地戦争的性格を強く帯びていることである。それを究極の目的としつつ、プーチンはまず東部の親ロシア地域をロシアに編入してしまおうとしているのである。ウクライナがかつてロシア帝国の一部であり、さらにはその版図を引き継いだソ連の一部であったという歴史が持つ意味は大きい。スターリン時代のウクライナ問題に詳しい『ブラッドランド』の著者ティモシー・スナイダーも、この戦争は植民地戦争であると見ている(Snyder 2022. 4. 28)。ウクライナはソ連から独立してできた国家であり、その独立性を消滅させようとするロシアの武力行使に対して抵抗しているのである。この戦争がウクライナ側では当初から総力戦となったものの、ロシア側ではその形が見られなかった(ロシアでの兵士動員が進むにつれてその点は若干変化したようであるが)という非対称性も、植民地戦争的性格を示している。

戦争開始に際し、ロシアがウクライナへのサイバー攻撃を始めていたことも知られている。この点などは戦場以外での戦いが重視される「ハイブリッド戦争」としての新しさを示すようであるが、この戦争では結局在来的兵器や戦法がものをいう局面も多く、「二一世紀のテクノロジーを用いたハイテク独ソ戦」とも形容されている(小泉 二〇二二：一九六頁)。

プーチンは、この戦争での局面打開のためには、核兵器の使用も辞さないという姿勢さえとっている。それは脅しに過ぎず、核兵器は抑止力として効いており実際に使われる可能性はないという見方もあるが、冷戦期における核危機の歴史は、そうした見方があくまで希望的観測にすぎないということを示している。

また、ウクライナ戦争を奇貨とする軍備拡張の傾向(それを最も明確に示しているのが、他ならぬ日本である)も露わである。軍備拡張がそのまま戦争に結びつくというわけではないものの、それが平和への道に逆行するものであることは明らかである。

さらに、本書第I部で論じられているようにウクライナ戦争開始の主な背景要因となったNATOは、二〇一九年にはフランスのエマニュエル・マクロン大統領によって「脳死状態」と表現されるまでになっていたが、ウクライナへの武器供給をつづけるなかで完全に息を吹き返し、フィンランドやスウェーデンが加入申請をする(フィンランドの加盟は、二〇二三年四月に実現した)など、強化の方向に向かっている。それに加えて世界各地で反ロシア感情という形での排外的ナショナリズムの高まりも見られるが、こうした軍事同盟の拡大強化や好戦意識の広がりも、世界の将来について強い危惧を抱かせる。

こうした状況をどう乗り越え、平和の方向に世界を転換させていくか。本章では近現代史における戦争の限られた側面しか論じることができなかったが、常に歴史を省みつつ考えていくことが求められているのである。

【参考文献一覧】

青井千由紀（二〇一三）「英国の対反乱ドクトリン——古典的原則の起源と継続性」『軍事史学』四九巻二号

荒井信一（二〇〇八）『空爆の歴史——終わらない大量虐殺』岩波新書

イングリッシュ、リチャード（二〇二〇）『近代戦争論』矢吹啓訳、創元社

ウェスタッド、O・A（二〇一〇）『グローバル冷戦史　第三世界への介入と現代世界の形成』小川浩之他訳、名古屋大学出版会

カルドー、メアリー（二〇〇三）『新戦争論　グローバル時代の組織的暴力』山本武彦・渡部正樹訳、岩波書店

木畑洋一（二〇一二）「「帝国の総力戦」としての第一次世界大戦」メトロポリタン史学会編『20世紀の戦争　その歴史的位相』有志舎

——（二〇一四）『二〇世紀の歴史』岩波新書

——（二〇一八）「現代世界と戦争——歴史的視座から」『歴史学研究　増刊号』九七六号

——（二〇二三）「21世紀の戦争と平和——戦争の世紀をあとに」『研究中国』一六号

ギャディス、ジョン・L（二〇〇二）『ロング・ピース——冷戦史の証言「核・緊張・平和」』五味俊樹他訳、芦書房

クラーク、クリストファー（二〇一七）『夢遊病者たち——第一次世界大戦はいかにして始まったか』全二巻、小原淳訳、みすず書房

小泉悠（二〇二二）『ウクライナ戦争』ちくま新書

ジョル、ジェームズ（一九九七）『第一次世界大戦の起原（改訂新版）』池田清訳、みすず書房

ダワー、ジョン・W（一九八七）『人種偏見——太平洋戦争に見る日米摩擦の底流』斎藤元一訳、TBSブリタニカ

深澤安博（二〇一五）『アブドゥルカリームの恐怖——リーフ戦争とスペイン政治・社会の動揺』論創社

フリードマン、ローレンス（二〇二一）『戦争の未来——人類はいつも「次の戦争」を予測する』奥山真司訳、中央公論新社

マクミラン、マーガレット（二〇二一）『戦争論——私たちにとって戦いとは』真壁広道訳、えにし書房

マゾワー、マーク（二〇一五）『暗黒の大陸——ヨーロッパの20世紀』中田瑞穂・網谷龍介訳、未來社

Callwell, C. E. (1906), *Small Wars: Their Principles and Practice*, HMSO (3rd ed.).

Judd, Denis (1996), *Empire: The British Imperial Experience, from 1765 to the Present*, HarperCollins.

Mann, Michael (2005), *The Dark Side of Democracy: Explaining Ethnic Cleansing*, Cambridge University Press.

Münkler, Herfried (2002), *Die neuen Kriege*, Rowohlt Verlag.

Newman, Edward (2014), *Understanding Civil Wars: Continuity and Change in Intrastate Conflict*, Routledge.

Newsinger, John (2013), *The Blood Never Dried: A People's History of the British Empire*, Bookmarks Publications (2nd ed.).

Oostindie, Gert *et al.* (2022), *Beyond the Pale: Dutch Extreme Violence in the Indonesian War of Independence, 1945–1949*, Amsterdam University Press.

Overy, Richard (2021), *Blood and Ruins: The Great Imperial War 1931–1945*, Allen Lane.

Stevenson, David (1996), *Armaments and the Coming of War: Europe, 1904–1914*, Oxford University Press.

Wagner, Kim A. (2018), "Savage Warfare: Violence and the Rule of Colonial Difference in Early British Counterinsurgency," *History Workshop Journal*, 85.

Walter, Dierk (2006), "Warum Kolonialkrieg?," in: Thoralf Klein/Frank Schumacher, Hg., *Kolonialkriege: Militärische Gewalt im Zeichen des Imperialismus*, Hamburger Edition.

Wesseling, H. L. (1989), "Colonial Wars: An Introduction," in: J. A. de Moor/H. L. Wesseling, eds., *Imperialism and War: Essays on Colonial Wars in Asia and Africa*, E. J. Brill.

インターネット文献

Fearon, James D. and David Laitin (2014. 8. 22), “Does Contemporary Armed Conflict Have ‘Deep Historical Roots’?,” (https://ssrn.com/abstract=1922249).

Kaldor, Mary (2022. 6. 16), “The Ukraine Invasion in an Age of ‘New Wars’—with Mary Kaldor and Lydia Wilson,” *New Lines Magazine*,(https://www.youtube.com/watch?v=CoKg6z5aRIA).

Lewis, Patricia *et al.* (2014), *Too Close for Comfort: Cases of Near Nuclear Use and Options for Policy*, The Royal Institute of International Affairs(https://www.chathamhouse.org/sites/default/files/field/field_document/20140428TooCloseforComfortNuclearUseLewisWilliamsPelopidasAghlani.pdf).

Snyder, Timothy (2022. 4. 28), “The War in Ukraine Is a Colonial War,” *The New Yorker*(https://www.newyorker.com/news/essay/the-war-in-ukraine-is-a-colonial-war).

Walter, Dierk (2005), “Symmetry and Asymmetry in Colonial Warfare ca. 1500–2000: The Uses of a Concept,” IFS Info 3/05(https://www.jstor.org/stable/resrep20376).

第4章
軍拡が戦争を呼び起こす

山田 朗

自衛と侵略は区別できない――石橋湛山の叫び

私たちは歴史を今日から振り返っているので、一国の軍備拡張が多国間の軍拡競争に結びつき、緊張を高め、多くの場合、戦争につながったことを知っている。だが、軍拡が行なわれているその時代には、軍拡は自衛のため、平和維持のため、戦争を抑止するため、他国の軍事力に対抗するため、といった理由で推進されるのが常である。

一九五七年一月、「大正デモクラシー」期を代表するリベラル派言論人であり、この時点では内閣総理大臣であった石橋湛山は、記者会見の場で次のように述べている。

昔から、いかなる国でも、自ら侵略的軍備を保持していると声明した国はありません。すべての国が自分の国の軍備はただ自衛のためだと唱えて来ました。たぶん彼らはそう心から信じてもいたでありましょう。だが、自衛と侵略とは、戦術的にも戦略的にも、はっきりした区別のできることではありません。かくて自衛軍備だけしか持っていないはずの国々の間に、第一次世界戦争も第二次世界戦争も起りました。(中略)人類を救わんとするならば、われわれは軍備拡充競争を停止し、戦争を絶滅しなければなりません。

(「プレスクラブ演説草稿」松尾編 一九八四：二六五頁)

米ソ核軍拡競争が激化する中で、「自衛」のはずの軍備保有が、軍拡競争を招き、結局は大戦をもたらしたことを石橋湛山は、長年の政治分析の、いわば結論として語ったのである。この直後、石橋は病気のために首相の座を譲り、あとを継いだ岸信介は、石橋が理想としたものとは全く異なる方向へ舵を切っていく(第7章参照)。

本章では、二〇世紀以降の世界的軍拡による兵器体系と戦争形態の転換がどのような結果をもたらしたのか、その歴史的経験をまとめる。国家の戦略と軍事費投入が軍備拡張を生み、軍拡競争を連鎖させ、軍拡の中で兵器の質的転換が起き、それが従来戦略を破綻させて新たな戦略を生み、戦争が勃発した場合、そのことが前線における将兵と後方の一般市民におびただしい犠牲を強いてきたことを明らかにしたい。

Ⅰ　軍拡と戦争の惨禍――第一次世界大戦

日露戦争の世界史的意味

第一次世界大戦(一九一四―一八年)の世界的対立構造を作り上げたのは日露戦争(一九〇四―〇五年)である。日露戦争当初までの〈英vs仏・露vs独・墺(オーストリア)〉という三極構造は、戦中・戦後にイギリスが仏・露と利害を調整して、英仏協商・英露協商を成立させたため、〈英・仏・露vs独・墺・伊〉という二極構造に変わった(第3章参照)。そして、日露戦争は、軍事的にも世界の大国に二つの大きな影響を与えた。

出典：H. W. Wilson, *Japan's Fight for Freedom: The Story of the War Between Russia and Japan* (London, Amalgamated Press, 1906), p.1366.

図 4-1　戦艦「三笠」における艦首吃水線下のラム(衝角)

第一は、海軍における大艦巨砲主義の成立である。日露戦争における蔚山(ウルサン)沖海戦と日本海海戦は、排水量一万トンを超える主力艦(戦艦・装甲巡洋艦)も砲撃のみによって撃沈できることを証明した。それまでは、防御力が強い主力艦を確実に沈没させるには、砲撃だけでなく衝撃(軍艦の艦首吃水線下の衝角＝ラムによる打撃)が必要だとの考えがあり、日露戦争に参加した両国の主力艦はラムを装備していた(図4-1)。だが、日露戦争は「砲撃」か「衝撃」かの海戦論争に決着をつけ、戦後に設計された主力艦ではラムは廃止された。また、相手の主力艦を撃沈する能力を高めるため、より大きな口径の、より射程距離が長い主砲を、より多く装備する主力艦(結果的に艦は大型化する)が求められるようになった。

第二は、陸軍における攻撃力に対する防御力の優越である。日露戦争の陸戦は、重砲・機関銃の有効性を実証し、コンクリート製の防御陣地の構築、鉄条網や地雷の利用もあいまって、陸戦では飛躍的に防御力が強化されるようになった(山田 二〇〇九)。

建艦競争時代——弩級戦艦から超弩級戦艦へ

大艦巨砲主義に基づく世界的な建艦競争はイギリスによるドレッドノート(弩級戦艦、一九〇五年起工、〇六年完成、排水量一万八一一〇トン)の建造によってスタートした。ドレッドノートは、従来の戦艦(前弩級)が排水量一万二〇〇〇―一万五〇〇〇トンで、口径一二インチ(三〇センチ)主砲四門と六インチ(一五センチ)前後の副砲十数門を装備していたのに対し、一二インチ主砲一〇門を有していた。前弩級戦艦では同時に発射できる主砲は艦の前方へは二門、側方へは四門であったのに対し、ドレッドノートでは六門・八門となった。また、敵側人員の殺傷や小型艦艇撃退を狙った従来の副砲は、ドレッドノートでは廃止され、敵主力艦の破壊・撃沈のみに特化した装備となった。弩級戦艦の完成は、列強が保有・建造中であった主力艦の全てを「旧式艦」(戦闘の第一線に投入できないとみなされる第二線戦力）へと転落させた。軍拡競争では、このように兵器の質的転換が起こると、対抗する国は、直後には無駄を承知で建造中のものをそのまま造り続けるか、何らかの部分的改良を施して中途半端なものを造るか、そして次の段階では、膨大な資源と労働力を投じて新しい軍備のレベルに追随せざるをえなくなるので、結果として資源と労働力が大いに浪費されることになる。

イギリスに続いて、一九〇七年にドイツ・アメリカが、〇九年に日本が、一〇年にフランスが弩級戦艦を起工し、大国による世界的建艦競争が本格化する（表4-1）。そして、多くの国が弩級戦艦の建造へと進みだすと、一九〇九年、イギリスは主砲サイズを一三・五インチ（三四センチ）に引き上げた排水量二万トンを超える超弩級戦艦と、それまでの装甲巡洋艦の速力と戦艦の攻撃力を合わせ持つ超弩級巡洋戦艦（battlecruiser）を起工する。これにより各国が建造した弩級戦艦は、完成と同時にまたも「旧式艦」と化した。建艦競争は、この後も主砲サイズ一四―一五インチ（三六―三八センチ）、排水量も三万トンに達する巨艦の建造へと進んでいく。

だが、世界の大国が膨大な資金・資源・労働力を注ぎ込んだ大艦巨砲の主力艦群は、第一次世界大戦ではほとんど役に立たなかった。イギリス・ドイツともに、相手側の艦隊を軍港・泊地に閉じ込めるための機雷敷設を行ない、一九一六年五月に発生した両艦隊によるユトランド沖海戦でも、戦争の流れを変えるような結果は出なかった。ただし、この海戦においてイギリスの最新鋭の超弩級巡洋戦艦クインメリー（一九一三年完成、二万六七七〇トン、一三・五インチ砲八門）は、ドイツの巡洋戦艦が約一万三〇〇〇メートルの距離から放った一二インチ砲弾たった二発の命中で、弾火薬庫の大爆発を起こして一瞬にして沈没、一二六六人が犠牲になり（Conway's 1985: p.31）、生存者はわずか二〇人だったとされている。戦艦の攻撃力と装甲巡洋艦の速力を合わせ持つ、時代の最先端をいく万能主力艦と思われていた巡洋戦艦は、速力向上のための防御力不足のために、悲惨な結末を迎えたのである。軍拡の歴史の中で最も期待された兵器が、全く役に立たなかったり、悲劇の象徴になったりすることがしばしばある。のちの日本海軍の戦艦大和もその実例で、敵主力艦と一戦も交えることなく航空攻撃のために沈没してしまった。

アメリカ	日　本
	AC ② 13750／12×4 筑波・生駒 AC　14636／12×4 鞍馬 BS　19372／12×4 薩摩
BS ② 16000／12×8	BS　19800／12×4 安芸
BS ② 20380／12×10	AC　14636／12×4 伊吹
BS ② 21825／12×10	BS　21443／12×12 摂津 BS　20823／12×12 河内
BS ② 26000／12×12	
BS ② 27000／14×10 テキサス型	BC ② 26330／14×8 金剛・比叡
BS ② 27500／14×10	BS　29326／14×12 扶桑 BC ② 26330／14×8 榛名・霧島
BS　31400／14×12	BS　29326／14×12 山城
BS　31400／14×12	
BS ③ 32000／14×12	BS ② 29900／14×12 伊勢・日向
17 隻(436,210 トン)	16 隻(361,982 トン)

表 4-1　各国の主力艦起工状況(1905-15 年)

年	イギリス	ドイツ	フランス
1905	BS　18110／12×10 ドレッドノート		
1906	BC ③ 17373／12×8 BS　18800／12×10		BS　18318／12×4
1907	BS ② 18800／12×10 BS ② 19560／12×10	AC　15590／8.2×12 BS ④ 18570／11.1×12	BS ③ 18318／12×4
1908	BS　19560／12×10 BS　19680／12×10	BC　19064／11.1×8 BC　22616／11.1×10 BS ③ 22440／12×12	BS ② 18318／12×4
1909	BC　18470／12×8 BS ② 20225／12×10 BC　26270／13.5×8 ライオン BS　22200／13.5×10 オライオン	BC　22616／11.1×10 BS　22440／12×12 BS　24330／12×10	
1910	BS ③ 22200／13.5×10 BC　26270／13.5×8 BC ② 18500／12×8	BS ③ 24330／12×10	BS ② 22189／12×12
1911	BS ④ 23000／13.5×10 BC　26770／13.5×8 BS　27500／12×14 BS　22780／13.5×10 BS　28600／14×10	BS　24330／12×10 BC　24594／11.1×10 BS ③ 25390／12×10	BS ② 22189／12×12
1912	BS ④ 25000／13.5×10 BC　28430／13.5×8 BS ② 27500／15×8 クインエリザベス型	BC ② 26180／12×8 BS　25390／12×10	BS ③ 23230／13.4×10
1913	BS ③ 27500／15×8 BS　28600／14×10 BS ③ 28000／15×8	BC　26513／12×8 BS　28074／15×8	BS ④ 25230／13.4×12
1914	BS ② 28000／15×8	BS　28074／15×8 BS　28345／15×8	BS　25230／13.4×12
1915	BC ② 27650／15×6 BC ② 19230／15×4 BC　19513／18×2	BS　28345／15×8 BC ④ 30500／13.8×8	
計	51 隻(1,187,702 トン)	33 隻(805,441 トン)	18 隻(394,504 トン)

注：艦種記号　BS＝戦艦、BC＝巡洋戦艦、AC＝装甲巡洋艦
　起工数　排水量・トン／主砲口径・インチ×門数
　日本の主力艦とドレッドノートなどエポックメーキングな艦については、艦名(艦型名)を記した

例：「BS ② 18800／12×10」は、戦艦(同型艦)2 隻、排水量 18800 トン、口径 12 インチ主砲 10 門装備を示す

出典：*Conway's All the World's Fighting Ships 1906-1921*(Conway Maritime Press, London, 1985)より作成

陸戦における防御火力の優越――兵士大量殺戮

日露戦争を契機として陸戦の防御火力は飛躍的に増強された。ところが、攻める側は、事前に砲撃をするにしても、戦闘に最後の決着をつけるのは生身の人間による白兵突撃(白兵とは本来は槍や刀などを持つ兵隊をさすが、近代においては小銃に銃剣を装着している歩兵のこと)とみなされていた。防御側は、突撃してくる白兵に突破されないように、鉄条網や地雷を配し、何重にも構成した陣地(縦深陣地)には機関銃を、やや後方には野砲(口径七五ミリ前後)を、さらに後方には重砲(口径一〇〇ミリ以上)を配備した。第一次世界大戦が勃発した頃、明らかに陸戦においては防御火力が優越しており、攻撃力は脆弱であった。最初のうちの歩兵には金属製ヘルメットすらなく、突破力の一翼を担っていた騎兵も、障害物と火力の前には歯が立たなかった。それゆえに、縦深陣地を白兵力では突破できず、将兵の大量殺戮が起こることになる。第一次世界大戦において戦闘で一二〇〇万人が死亡し、二一〇〇万人が生涯にわたって治療の必要な負傷者となったとされている(ナイバーグ二〇二一:一三九頁)。

相手側の防御陣地を破壊しようとして、砲兵戦(双方の大砲の撃ち合い)は大規模化し、日露戦争で日本軍は一年半で約一〇〇万発の砲弾を消費したが、第一次世界大戦では、一―二週間の一会戦で、一軍につき一〇〇万発、時には二〇〇万発の砲弾を消費することは珍しくなくなった。砲弾の生産量が勝敗を左右するようになった。塹壕戦を打開するための突破手段として毒ガスや戦車が登場したが、毒ガスは敵味方双方の活動を阻害したし、当時の戦車は最前線でパニックを引き起こすことはできたが、鈍重で、すぐに敵側砲兵の目標になってしまい決定的な突破力とはなり得なかった。また、膠着した塹壕戦において、長期にわたって戦線に張りつけられている将兵の多くには戦争神経症が発生する事態となった。

Ⅱ　軍縮とその抜け道

海軍軍縮――ワシントン海軍軍縮条約

第一次世界大戦が終結しても戦勝国であるアメリカ・日本の間で建艦競争は続いた。主力艦の主砲サイズは一六インチ（四〇センチ）、排水量は三万トン台から四万トン台へと増大していた。大戦後に設計された超弩級戦艦は、ポストユトランド型と呼ばれた。例えば、アメリカは、ポストユトランド型主力艦を一九二〇年には一挙に一〇隻も起工し、対抗する日本は、同年に「八・八艦隊」案を議会で通過させた。これは、一九二〇―二七年度に約五億六〇〇〇万円をかけてポストユトランド型戦艦四隻・巡洋戦艦四隻を建造することで、すでに完成・建造中の戦艦四隻（長門・陸奥・土佐・加賀）、巡洋戦艦四隻（赤城・天城・愛宕・高雄）と合わせて、第一線戦艦八隻、第一線巡洋戦艦八隻とするものであった。それに既成の戦艦四隻（扶桑・山城・伊勢・日向）、巡洋戦艦四隻（金剛・比叡・榛名・霧島）が第二線戦力として控える「八・八・八艦隊」が完成するという大軍拡計画である。

表 4-2　ワシントン海軍軍縮条約で定められた主力艦・航空母艦の保有量

	条約前保有量（隻）		条約後保有できる主力艦		直ちに廃棄する主力艦（隻）		保有できる航空母艦（主力艦から転用可）	
	既成艦	未完成艦	総トン数（千トン）	当面→調整後（隻）	既成艦	未完成艦	総トン数（千トン）	艦数（隻）
イギリス	42	4	525	22→20	20	4	135	約5
アメリカ	33	13	525	18→18	15	13	135	約5
日　本	23	14	315	10→10	13	14	81	約3
フランス	17		175	10→ 5	7		60	約3
イタリア	8		175	10→ 5			60	約3

出典：外務省編『日本外交年表並主要文書』下（原書房、1965年）および *Conway's All the World's Fighting Ships 1906-1921*（Conway 1985）より集計

日本海軍は、その初年度にあたる一九二〇年度に、さっそく戦艦土佐・加賀、巡洋戦艦赤城・天城の計四隻を起工した。国家の予算規模が年間一五億円弱という時代に、主力艦一隻の建造費は四〇〇〇万円近くもしたので、膨大な建艦費用捻出のため、日本の一般会計（歳出）に占める軍事費の割合は、一九二〇年度が四七・八％、二一年度が四九・〇％に達した。軍艦建造のために国家財政は破綻の危機に瀕したのである（山田 一九九七：七七—八二頁）。

大戦が終わったにもかかわらず、とどまることのない建艦競争による財政圧迫は、アメリカでも同様で、大戦で疲弊したイギリスにとってはさらに避けたいことであった。そのため、英・米・日・仏・伊の五大海軍国は、一九二二年にワシントン海軍軍縮条約を締結して、主力艦（戦艦・巡洋戦艦）・航空母艦の保有量・個艦規模（トン数）・兵装等の制限を行なった。この条約の結果、英・米・日の三国だけでも、合計七九隻の既成（旧式のものから）・未完成の主力艦が廃棄された（表4－2）。あの「建艦史上の革命児」と称されたドレッド

ノートも売却されてスクラップにされ、日本の「八・八艦隊」計画も戦艦長門・陸奥二隻の完成のみで終わった(未完成の赤城・加賀は航空母艦に改装された)。

ワシントン海軍軍縮条約は、軍事大国が会議によって保有する中核的軍事力を量的に縮小したという点では実に画期的な取り決めであり、建艦競争という重い負担から各国国民を救った。日本の国家財政に占める軍事費の割合も、一九二一年をピークとして、二六年には二七・五%にまで低下した。ワシントン会議後の一九二四年から三〇年までの七年間は、日本の軍事費が国家歳出比二七―二九%台で、ほぼ日清戦争以前のレベルに戻った時期であった。これは、いわゆる「憲政常道」期とされる戦前政党政治の安定期、第一次世界大戦後に続く経済恐慌期とちょうど重なっている。

軍縮下の軍拡

だが、ここでいわゆる「軍縮下の軍拡」が起こる(横井編 二〇一四)。ワシントン海軍軍縮条約は、第一次世界大戦後の世界的な非戦ムードと欧州列強の疲弊の結果であったが、英・米・日・仏・伊に主力艦・航空母艦の保有トン数の比率を、五対五対三対一・六七対一・六七という格差を設定したことから、日・仏・伊の海軍当局に不満を残す結果となった。そのため、とりわけ日本は主力艦の「劣勢」を補助艦(巡洋艦・駆逐艦・潜水艦など)や航空分野で挽回しようとし始めた。当初、日本が重視したのは、「主力艦」と規定されないギリギリの大きさの排水量一万トン、主砲八インチ(二〇センチ)までの大型巡洋艦(重巡洋艦)で、これに多数の魚雷発射管(世界標準の直径五三センチを上回る六一センチ魚雷)を搭載することで、戦艦に対抗させようとした。日本は、ワシントン海軍軍縮条約の制限外である補助艦、とりわけ大型巡洋艦の分野でアメリカを上回るペースで建艦を続けた。

補助艦分野の建艦競争が激しくなった頃、一九三〇年に開催されたのがロンドン海軍軍縮会議である。ここでは補助艦(巡洋艦・駆逐艦・潜水艦)の保有量・個艦規模・兵装等を制限するロンドン海軍軍縮条約が締結された。この条約では、ワシントン条約における比率主義を巡洋艦にも適用した結果、日本が大型巡洋艦の現有トン数(一〇万八四〇〇トン)を容認された代わりに、アメリカは現有トン数から五万トンの増加が容認され(一八万トン)、潜水艦についてはどの国も一律で五万二七〇〇トン保有とされ、日本は現有トン数から三二%を削減されることになった(アメリカ三六%減、イギリス一三%減)。日本海軍が期待をかけてきた大型巡洋艦においてアメリカの優位を認め、潜水艦において対米同率とはいえ現有からの削減を強いられたのである。そのため、日本海軍の中には大きな不満が残り、政局と結びつき条約批准をめぐる統帥権干犯問題が起こった。軍部のキャンペーンもあって日本は英米によって圧迫されているという「世論」が形成され、軍縮を主導した政党政治への批判が強まった。統帥権干犯問題は、浜口雄幸首相狙撃事件にまでエスカレートする。

軍縮・軍備制限の抜け道

一九二〇年代は大戦の記憶も強く、世界的に軍縮・軍備制限の風潮が強かった。一九二五年にはジュネーヴ議定書が調印され、生物・化学兵器の先制使用の禁止が盛り込まれた(ただし、日本・アメリカは批准せず)。これは、一九世紀末からのハーグ万国平和会議で検討されてきた残虐兵器使用禁止の潮流に位置づけられるものである。こうしてワシントン会議において海軍軍縮が実現し、一九二八年にはパリ不戦条約が、二九年には俘虜の待遇に関するジュネーヴ条約が調印されるが、一九三二年にジュネーヴで開かれた陸軍力の制限をめぐる一般軍縮会議では成果が出なかった。また、軍隊が駐屯していない非武装都市への攻撃は、陸上や海上からの砲撃はすでに禁止されていたが、その延長線上にあるはずの「ハーグ空戦規則案」は、新戦力としての空軍への各国の期待もあって話し合いはまとまらず、都市に対する無差別爆撃への歯止めは成立しなかった。

そして、軍縮・軍備制限が検討される中で、条約や規則の抜け道を模索する動きが生まれ、新たな軍拡の種子が播かれ始めた。例えば、生物・化学兵器の先制使用を禁じたジュネーヴ議定書が調印された後、欧州各国の防疫事情を調査した石井四郎(のちの七三一部隊隊長)は、生物兵器の「有効性」に開眼し、化学兵器より秘匿性が高く(自然発生と区別がつかず)、資源に乏しい日本でも実現できるとして、陸軍首脳に生物戦研究機関の設置を認めさせ、生物戦軍拡の道を切り拓いた(常石 二〇二二：三八—四〇頁)。

また、海軍軍縮条約の抜け道に気がついたのは日本海軍であった。軍縮条約は、航空母艦の個艦規模と保有量を制限していた。搭載する航空機数についての規定はないものの、母艦が制限されれば、おのずから搭載機の数も一定の制約を受ける結果となる。だが、地上基地から発進する航空機については何の制限もない。また、母艦に搭載する航空機であっても、通常は地上基地で活動していれば、戦時に予備戦力として母艦に移動させることもできる。日本海軍は、空母ではなく地上基地をホームとする航空部隊を設置するとともに地上基地専用の双発航空機(九六式陸上攻撃機など)を開発することで空母戦力の「劣勢」を補おうとしたのである。ロンドン条約以降、大艦巨砲主義が主流の日本海軍の中にあって軍縮条約の制約を航空戦力の充実で補う、あるいは航空戦力を海軍の中心にしていこうとする「航空主兵論者」と呼ばれるグループが形成されていく(山田 二〇一五:七八―八九頁)。

Ⅲ 大量殺戮を招いた軍拡――第二次世界大戦

航空戦力の拡張――海軍・陸軍の空軍化

一九三〇年代は、航空技術の飛躍的発展期であった。第一次世界大戦において航空機を兵器として本格的に導入した欧米の軍事大国(英・米・仏・独・伊)は、戦後における航空機開発でもしのぎを削った。武器(技術)移転も活発に行なわれ、日本・ソ連も航空先進国に追随した。航空技術は、エンジン技術を要とし、機体設計技術、素材(金属)加工技術等によって支えられているが、三〇年代はいずれの分野も日進月歩で、航空戦力は、次第に陸軍・海軍の補助的戦力から主役に成長していった(高田編 二〇二〇)。

例えば、当時の日本の場合、日中戦争によって公債を原資とする臨時軍事費特別会計が設定されたことで軍拡と兵器開発に多額の資金が注ぎ込まれると、兵器性能は向上し、従来の戦略を追い越すような兵器も生まれるようになる。その典型事例が、長大な航続距離を持つ日本海軍の零式艦上戦闘機（零戦）である。零戦は補助タンクも含めると、単発（エンジン一基）の戦闘機でありながら三〇〇〇キロ以上の飛行が可能となった。これは、台湾から発進してフィリピンを空襲して、また台湾に戻れる航続距離（九六式陸上攻撃機や一式陸上攻撃機などの双発（エンジン二基）の攻撃機の護衛ができる）であり、南方作戦に有力な空母部隊を派遣しなくても地上基地から発進する航空部隊だけで作戦が可能になった。そのため、日本海軍の既成戦略（漸減邀撃戦略：米艦隊を段階的に減らし、日本近海で決戦する）にはなかった空母全力による真珠湾攻撃という新戦略を実行させることにつながった。軍拡の流れの中で起きた兵器の大きな質的転換が新戦略を台頭させることがあるということである（山田 二〇一五：一〇〇―一〇三頁）。

陸軍においても海軍においても航空機は、制空権（敵側の空軍力を排除して空を支配する）を獲得するための戦闘機、戦場での戦術爆撃・雷撃を担う軽爆撃機・中型爆撃機、後方の都市爆撃などを担う戦略爆撃機など目的別に多様化していった。軍事大国にとって、これらの航空機それぞれの高性能化と大量生産が戦力強化の最重要課題となっていく。とりわけ、戦闘機や戦略爆撃機は、高度な精密機械としての厳密さと量産性を両立させるという、生産国の工業技術の質を試す試金石でもあった。

戦間期においては、すでにイギリスとドイツは独立した空軍を有していたが、多くの国で航空部隊は、陸軍と海軍それぞれに分属していた。例えば、アメリカでも陸軍・海軍・海兵隊がそれぞれの航空隊を有しており、B–17、B–24、B–29などの戦略爆撃機は陸軍に所属していたが、次第に自立性を強めていき、第二次世界大戦後の一九四七年に空軍として独立する。また、海軍においては、航空機のプラットホームとしての航空母艦が戦艦にとってかわって海軍力の中核になっていく。海軍力の正面からの衝突となった第二次世界大戦中の日米戦は、熾烈な航空母艦建造競争でもあった(表4–3)。

陸戦における突破力の優越

第一次世界大戦における西部戦線の膠着＝塹壕戦は、歩兵が防御火力を突破できなかったために生じたものであった。大戦後において、いかにして突破力を強化するか、という軍事的な課題に独自の答えを出したのは敗戦国ドイツであった。ドイツは、戦車に快速性を持たせ、歩兵の突撃支援戦力から突破力の要へと位置づけし直した。だが、戦車が敵陣を突破しても、砲兵と歩兵が追随できなければ戦果は拡張できない。ドイツ軍の新規性は、戦車・砲兵・歩兵の一体化を進めたことである。第二次世界大戦においてドイツ陸軍が編み出した戦車・自動車化砲兵(自動車牽引の火砲あるいは自走砲)・自動車化歩兵(半装軌車に乗車する歩兵)ユニットは、ドイツ空軍の急降下爆撃機による陸戦支援とあいまっていわゆる「電撃戦」を実現させた。

陸戦における突破力の要となった戦車は、第二次世界大戦中に次第に快速なだけでなく、アメリ

表 4-3　日米空母戦力の建造競争(日米の第一線空母・艦載機数の変遷)

年	月	日本*1(隻数)			米国*2(隻数)			喪失・就役艦名(●=喪失 ○=就役 ゴシックは正規空母)	運用可能な艦載機数*3	
		喪失	就役	現数	喪失	就役	現数		日本	米国
1941	12			8			6		459	490
1942	1		1	9			6	○祥鳳	489	490
	5	1	1	9	1		5	●祥鳳 ○隼鷹 ● **Lexington**	507	427
	6	4		5	1		4	●**赤城・加賀・飛龍・蒼龍** ● **Yorktown**	255	331
	7		1	6			4	○飛鷹	303	331
	8	1		5			4	●龍驤	267	331
	9			5	1		3	● **Wasp**	267	255
	10			5	1		2	● **Hornet**	267	159
	11		1	6			2	○龍鳳	291	159
	12			6		1	3	○ **Essex**	291	250
1943	1			6		1	4	○ Independence	291	280
	2			6		2	6	○ Princeton, **Lexington(II)**	291	401
	3			6		1	7	○ Belleau Wood	291	431
	4			6		1	8	○ **Yorktown(II)**	291	522
	5			6		2	10	○ Cowpens, **Bunker Hill**	291	643
	6			6		1	11	○ Monterey	291	673
	7			6		1	12	○ Cabot	291	703
	8			6		2	14	○ Langley(II), **Intrepid**	291	824
	10		1	7			14	○千代田	321	824
	11			7		3	17	○ **Wasp(II), Hornet(II)**, Bataan	321	1036
	12			7		1	18	○ San Jacinto	321	1066
1944	1		1	8		1	19	○千歳 ○ **Franklin**	351	1157
	3		1	9			19	○**大鳳**	403	1157
	4			9		1	20	○ **Hancock**	403	1248
	5			9		1	21	○ **Ticonderoga**	403	1339
	6	3		6			21	●**翔鶴・大鳳**・飛鷹	231	1339
	8		2	8		1	22	○**雲龍・天城** ○ **Bennington**	345	1430
	9			8		1	23	○ **Shangrila**	345	1521

	10	4	1	5	1	1	23	●瑞鶴・瑞鳳・千代田・千歳 ○葛城 ● Princeton, ○ Randolph	243	1582
	11	1	1	5		1	24	●信濃　○信濃 ○ Bon Homme Richard	243	1673
	12	1		4			24	●雲龍	186	1673
1945	1			4		1	25	○ Antietam	186	1764
	4			4		1	26	○ Boxer	186	1855
	6			4		1	27	○ Lake Champlain	186	1946
	7	1		3			27	●天城	129	1946
総合計		16	11		5	26				

出典：H. P. Willmott, *The Barrier and the Javelin*(Naval Institute Press, 1983), Appendix A および *Conway's All the World's Fighting Ships 1922–1946*(Conway Maritime Press, 1980)、米国海軍省戦史部編纂(史料調査会訳編)『第二次大戦米国海軍作戦年誌』(出版協同社、1956 年)付表 9 より作成

＊1　日本の空母には、輸送・護衛任務にあたった大鷹・雲鷹・冲鷹・海鷹・神鷹(商船改造の特設空母)と練習空母・鳳翔を含まない

＊2　アメリカの空母には、護衛空母(Escort Carrier)と大西洋に配置されていた中型空母 Ranger を含まない

＊3　各空母に配置されている航空機定数の合計(日本の場合、常用機数)

カのM-4シャーマンやソ連のT-34など長砲身のカノン砲を装備した重装甲のものが登場し、それらが大量生産されたことで陸戦力の主役となった。

だが、このような陸戦における突破力の優越、侵攻戦力のスピードアップは何をもたらしたのか。突破された側の軍隊は、組織的な退却戦に成功しない限り、補給路を断たれて壊滅され、将兵に大きな犠牲が出る。そしてさらに、最前線が激しく移動する戦いの中では、一般住民は安全な場所に避難できず、軍民混在状態となって市民に大量の犠牲者が生じることになった。事実上の非武装都市であっても、軍隊が移動してきて駐屯すれば、激しい攻撃の対象となるし、駐屯していた軍隊はそこから撤退する際に、食糧や住居を敵側に与えないようにあえて市街を破壊・焼却することもしばしばであった。

制空権の優越——戦略爆撃による市民大量殺戮

制空権という考え方は一九二〇年代にイタリアのジュリオ・ドゥーエらによってすでに提唱されていたが、第二次世界大戦は、地上戦闘・海上戦闘・輸送補給・戦略爆撃の前提条件としての制空権というものを軍人のみならず一般人にも強く認識させた。制空権なくして戦車も戦艦も輸送船も自由に行動することはできなかった。そして、空を支配する者は、前線・後方を問わず、相手に圧倒的な脅威を与えることができた。その際たるものが、戦略爆撃による戦争潜在力(戦争を遂行するための国力と国民の精神力)の破壊である。第一次世界大戦も第二次世界大戦も大国間の国家総力戦であった。前線で戦う軍隊にどれだけの兵器・物資・食糧・人員を供給できるか、それを支えるのが生産力・輸送力、そして戦争を継続するための軍・民の戦意である。これら戦争を支えるための要素を根こそぎ破壊しようとするのが戦略爆撃である。

都市に対する大規模な無差別爆撃は、スペイン内戦時の一九三七年四月、独伊空軍によるゲルニカ爆撃や、日中戦争において一九三八年以降、継続的に実施された日本軍(主力は海軍)による重慶爆撃などがその始まりである。ヨーロッパで第二次世界大戦が始まると、四〇年五月のドイツ軍によるオランダ・ロッテルダム空襲を皮切りに英・独による「報復」を口実とした都市爆撃の応酬が始まった。そして、一九四三年以降はイギリス本土をベースにして、米軍B-17爆撃機(昼間)と英空軍アブロ・ランカスター爆撃機(夜間)がドイツ本国に徹底した戦略爆撃を実施した。ドイツでは米英軍による四〇〇回を超える都市爆撃によって子ども七万五〇〇〇人を含む六〇万人の民間人が死亡したとされている(フリードリヒ 二〇一一)。

アメリカは日本本土への爆撃のために、B-29爆撃機を開発した。B-29はB-17に比べて、最高速度で約一〇〇キロメートル増の時速五七六キロメートル、航続距離で一〇〇〇キロメートル増の六六〇〇キロメートル、爆弾搭載量でほぼ二倍の九トンという性能を有し、その開発費は約三〇億ドルで、原爆開発費の二〇億ドルを上回るものだったとされている。日本に対する戦略爆撃では、究極の無差別破壊兵器である原子爆弾二発も使用された。日本では米軍による三〇〇回を超える都市爆撃によって原爆を含めて五〇万人以上の民間人が死亡した。

一九三〇年代からの軍備拡張の末の第二次世界大戦における死者は、世界で七〇〇〇万人を超え、その半数以上は民間人である(表4-4)。民間人の犠牲は、戦略爆撃だけでなく、地上戦闘への巻き込まれ、「敵性住民」とみなされての虐殺、戦争による食糧不足や感染症の蔓延などによる餓死・病死などが含まれる。

Ⅳ 終わらない軍拡

大量破壊戦争とゲリラ戦争

第二次世界大戦後、大戦型の大規模軍隊は、ほとんどの国で存続させることが不可能になり、解

表 4-4　第 2 次世界大戦における死者数

（単位：万人）

国　別	軍　人	市　民	合　計
枢軸国側			
日　本	230	80	310
ドイツ	422	267	689
オーストリア	(25)	(93) (ユダヤ人 65 万含む)	(118)
イタリア	30	13	43
ルーマニア			66.5
ハンガリー			40
フィンランド			8.4
ブルガリア			2
枢軸国側合計			1277
連合国側			
ソ　連	1200	1500	2700
(中国　1980 年代公表)	(250)	(656)	(906)
(中国　1990 年代公表)	(350)	(971)	(1321)
中国　2000 年代公表	380 万以上	1800 万以上	2180 万以上
ポーランド	12	480 (ユダヤ人 270 万含む)	500
ユーゴスラヴィア	50	120.6	170.6
フランス	20	40	60
イギリス	14.5	23.8	38.3
チェコスロバキア			32
アメリカ合衆国	29		29
ギリシア			25
オランダ			24
連合国側合計			5759
アジア諸国(日本占領地)			
フィリピン			111
インドネシア			100
ベトナム			200
シンガポール			5
アジア諸国(中国含む)			2596
総　合　計			7452

出典：阪東宏『戦争のうしろ姿』(彩流社、2006 年)48-50 頁より集計
＊　(　)内の数字は推計

体された。大戦の終結にともない、戦勝国の中心となり、世界二大強国となったアメリカとソ連は、みずからの「成功事例」を踏襲するとともに、核兵器を中核とした大量破壊型軍隊を構築していった。米・ソの「成功事例」とは、アメリカは戦略爆撃機と空母機動部隊による大量破壊戦、ソ連は大量の装甲・自動車化兵団による地上制圧戦である。これとは別に一般民衆をベースにした人民戦争・ゲリラ戦を「成功事例」とした中国(中華人民共和国)が存在した。そして、資本主義vs社会主義の世界的な勢力拡張競争の枠組みの中で、米vsソ・中の「成功事例」の正面衝突としての朝鮮戦争(一九五〇—五三年休戦)が勃発する。

さらに、第二次世界大戦後、アジア・アフリカ地域の欧米植民地の独立闘争や大国の影響下にある地域での反政府運動は、しばしば帝国主義軍隊vsゲリラ部隊という、いわゆる非対称戦争の形で世界的に拡散した。植民地における独立闘争や各地域における反政府運動は、資本主義(米・英・仏)vs社会主義(ソ連・中国)の冷戦とも重なり合ったため、両陣営から兵器・物資が投入されて長期戦化することが多かった。大戦後、フランスからの独立を目指したベトナムのホー・チ・ミン政権による戦争(第一次インドシナ戦争)は、一九五四年にフランスの敗北に終わったが、アメリカは南ベトナム政府を立てて介入を続け、特殊戦争段階(軍事顧問団の派遣)を経て、六五年以降、大量の地上兵力投入と北ベトナム爆撃(北爆)へとエスカレートさせていく。アメリカと北ベトナム(支援するソ連・中国)との間のベトナム戦争は、冷戦時代の最大の地域戦争となった。

大戦後から一九八〇年代末まで続く米ソ冷戦時代においては、米ソ間の核軍拡競争という熱戦化しないものの膨大な国力を投入する戦いと、資本主義・社会主義のそれぞれの陣営から支援を受けた地域における膨大な人的犠牲をともなう熱戦という、二重の戦いが繰り広げられていた。

冷戦下における核ミサイルの時代

核兵器は、その威力が巨大であることが日本への二発の原爆の投下によって実証されたため、それを保有すること自体が軍事的威圧の切り札、パワーポリティクスに基づく国際政治における発言力の源泉とみなされるようになった。

米ソを対抗軸とした核軍拡競争には二つの局面がある。第一の局面は、核兵器の威力の強化、第二の局面が運搬手段の拡大である。原爆をアメリカが一九四五年に、ソ連も四九年には保有し、水爆をアメリカが五二年(非実用型、実用型は五四年)に実験を、ソ連も五三年に保有を宣言し、その後は弾頭の大型化へと進んだ。一九六一年にはソ連は五〇メガトン水爆(広島型原爆一五キロトンの三〇〇〇倍以上の威力)の実験さえ行なった。また、六三年に米・英・ソ間で部分的核実験停止条約が結ばれるまでは、地上・水中・空中での核実験が繰り返され、放射性物質の大量飛散をともなう大規模な環境破壊が行なわれた(以後は、地下核実験へと移行した)。

核軍拡競争の第二の局面は、第一の局面と同時並行で進んだ、核爆弾運搬手段の拡大である。核兵器保有国は、核兵器を戦争抑止のため、自国防衛のためと称するが、決して自国領土内で使うことは想定していない。基本的に核爆弾は、敵国へ投下あるいは撃ち込むことを前提としている。世界最初の核兵器運搬手段は、B-29戦略爆撃機で、ソ連も戦略爆撃機の開発へと進んだが、この分野ではアメリカはB-36、B-47、B-52と次々に高性能な新型機を投入し、ソ連の追随を許さなかった。だが、運搬手段としての戦略爆撃機は、敵国領空に侵入する際に撃墜される可能性があり、また、スピードと航続距離に限度があった。そこで戦略爆撃機で劣勢にあったソ連は、大陸間弾道ミサイル(ICBM)の分野で先行することによって核戦略の後れを一挙に挽回しようとした。大戦後、ドイツのロケット技術を引き継いだアメリカとソ連は、それぞれ戦略兵器としてのミサイルの開発を進め、一九五七年八月、ソ連はICBMの発射実験に成功した。弾道ミサイルの弾頭部分は、空気抵抗のない大気圏外に出て長距離を飛翔した後、大気圏内に再突入し、猛烈なスピードで地上に落下するため、それを航空機や高射砲などの当時の在来兵器で迎撃することは不可能であった。そのためICBMの弾頭部分に核爆弾が搭載されて核弾頭となった場合、当時においては防御手段がないという意味で、ICBMは最強の核兵器運搬手段であった。ソ連は、同年一〇月に人工衛星スプートニク一号の打ち上げにも成功し、ロケット制御技術が確立していることを世界に示した。アメリカは、このICBMでの劣勢を挽回するために開発を急ぎ、一九五八年一一月にICBMアトラスの試射に成功するとともに、一九五九年一二月には、水中から発射できる潜水艦発射弾道ミサイル(SLBM)ポラリス一六基を搭載できる世界最初の弾道ミサイル搭載原子力潜水艦(SSBN)ジョージ=ワシントンを就役させた。アメリカのSLBMポラリスA-3の実戦配備は一九六四年になってからであったが、これによって戦略爆撃機・ICBM・SLBMという戦略核兵器の三本柱が形成されたのである(渡辺・後藤編 二〇〇三)。

この後の米ソの核軍拡において、ＳＬＢＭは、その秘匿性の高さ、先制攻撃を受けた場合の生存性の高さからその改良・更新に最も力が入れられる存在となる。ＳＳＢＮとＳＬＢＭでアメリカに後れをとったソ連ではあったが、一九六八年には米ポラリスに匹敵するＳＬＢＭ(ＳＳ-Ｎ-６)を搭載したヤンキー級ＳＳＢＮを就役させ、この分野でもアメリカに確実に追随した。一九七〇年代は、ベトナム戦争の終結や米ソの戦略兵器制限交渉の妥結などもあり、「デタント(緊張緩和)」の時代と言われたが、実際には、運搬手段の総数は制限されたものの、搭載する核弾頭の数に制約はなかったので、ミサイル一発への多弾頭の搭載を前提として米ソのＳＳＢＮ建造競争は進んでいたのである。

米ソの核軍拡競争は、両国の膨大な軍事予算と技術力に支えられており、他国の追随を全く許さないかに見えたが、イギリスが一九五二年に原爆、五七年に水爆の実験を、フランスが六〇年に原爆、六八年に水爆、中国が六四年に原爆、六七年に水爆、八〇年にＩＣＢＭの実験に成功した。この段階での核拡散は、たとえ米ソ両超大国の核戦力に質・量ともに及ばなくとも、限定的な核戦力を保持することで、世界政治の中での独自の発言力を確保したいと考える国家が出てきたことを意味する。かつての建艦競争や国家総力戦の準備とは異なり、核兵器の破壊力が巨大であるがゆえに、たとえその保有量が少数であっても、政治的・軍事的に大きな影響力を持つことを示している。

ハイブリッド戦争の時代――宇宙・サイバー・電磁波領域の軍拡

ソ連のアフガニスタン侵攻(一九七九年)によって「デタント」が破れた後、アメリカのレーガン政権は宇宙空間を使った戦略防衛構想(SDI)や欧州への中距離核ミサイルの配備を進めるなど、核戦略の再構築を行なおうとしたが、これは世界的な反核世論・運動を高揚させる結果となり、八七年に中距離核戦力(INF)全廃条約が締結されるなどの成果を生んだ。だが、九〇年代になり、ソ連崩壊にともなうミサイル・核兵器技術(技術者)の世界的流出・拡散が、その後の北朝鮮などの核武装・ミサイル保有などの不安定要因を作ることになる。また、宇宙空間の軍事利用が進み、ナブスター衛星による全地球的な位置測定システム(GPS)が高度化するにともない、巡航ミサイルによるピンポイント攻撃の精度も向上した。

二〇〇〇年代以降、各種核兵器の制御・妨害システムとしての宇宙・サイバー・電磁波領域の軍拡がさらに進むと同時に、通常戦争領域におけるハイブリッド化(通常の武力戦と並行したサイバー攻撃、電磁波を使っての電子制御システムへの攻撃)も進んだ。また、元来、ゲリラ戦などで使用されていた携帯式の兵器も高度化し、携帯型の対空ミサイル・対戦車ミサイル、さらには無人アセット(ドローンや無人機)による「非対称」の戦闘も行なわれるようになった。

資源やエネルギーをめぐって戦闘・戦争が起こることはしばしばあるが、皮肉なことに戦争と軍備拡張こそ、資源やエネルギーの最大の浪費であり、環境を破壊し、人間を破壊する大きな原因となっている。戦争がどのようにハイテク化されたとしても国家や勢力が保有する軍事力によって、兵士や一般市民が大量に殺されるという戦争の本質がいささかも変わるわけではない。

軍事をコントロールする

一国の軍拡が多国間の軍拡競争を生み、あるいは局地戦争が軍拡を加速させる。軍拡はそれまでの既成戦略に基づく兵器の量的拡大だけでなく、いずれ兵器の質的転換をもたらし、新しい戦争形態を生み出す。既成戦略の手詰まりによって、あるいは新しい戦争形態の登場によって、既成の戦略が崩れると前線における将兵の大量殺戮だけでなく、後方における一般市民の大量虐殺につながっていく。これが軍拡、戦争形態の変化、戦争の勃発、人的・物的大量破壊の連鎖という人類史の経験である。テクノロジーの発達は、人類の生活の利便性を高めたが、それが一度、戦争目的に動員されると、とてつもない人的・物的破壊と地球環境の破壊を生み出してきた。

歯止めなき軍事研究(資金)の増加は、兵器の質的転化を生み、さまざまな無謀な戦略(それは戦場の住民の生命・人権などを考慮しない)を生んできた。これからもその危険性は常にある。パワーポリティクスは、軍事力による均衡を生んできたが、その均衡が何かをきっかけにして崩壊すると大きな破壊を生む。人間(政治)は常に理性的に判断できるものではなく、大きな誤断をすることもあるということだ。人類は戦争を繰り返してきたことは確かだが、反戦運動、軍縮・反核運動が核軍拡と戦争を阻止してきたことも事実であり、市民が軍事によってコントロールされるのではなく、軍事をコントロール（抑制）できる智恵を市民が獲得しなければ、今後も何度でも失敗が繰り返されるであろう。

［参考文献一覧］

高田馨里編著（二〇二〇）『航空の二〇世紀――航空熱・世界大戦・冷戦』日本経済評論社
常石敬一（二〇二二）『731部隊全史――石井機関と軍学官産共同体』高文研
ナイバーグ、マイケル・S（二〇二二）『戦争の世界史』稲野強訳、ミネルヴァ書房
フリードリヒ、イェルク（二〇一一）『ドイツを焼いた戦略爆撃』香月恵里訳、みすず書房
松尾尊兊編（一九八四）『石橋湛山評論集』岩波文庫
山田朗（一九九七）『軍備拡張の近代史――日本軍の膨張と崩壊』吉川弘文館
――（二〇〇九）『戦争の日本史20　世界史の中の日露戦争』吉川弘文館
――（二〇一五）『近代日本軍事力の研究』校倉書房
横井勝彦編著（二〇一四）『軍縮と武器移転の世界史――「軍縮下の軍拡」はなぜ起きたのか』日本経済評論社
――編著（二〇一六）『航空機産業と航空戦力の世界的転回』日本経済評論社
渡辺治・後藤道夫編（二〇〇三）『講座　戦争と現代1　「新しい戦争」の時代と日本』大月書店
Conway's, All the World's Fighting Ships 1922–1946, London, Maritime Press, 1980.
Conway's, All the World's Fighting Ships 1906–1921, London, Maritime Press, 1985.

第5章 戦争を許さない世界を求めて

木畑洋一

戦争と国際規範

二一世紀の今日、世界の国々の間で深刻な対立が生じた時、それを解決するために武力に訴えて戦争を起こすことは国際的に認められないと、人びとは知っている。にもかかわらず戦争は起き、多くの犠牲者が生じてきた。戦争を起こす当事者は、それをさまざまな理由で正当化するが、それに対して世界の人びとは厳しい批判の眼を向ける。

つまり、戦争をしてはいけないということが、現在の常識なのである。しかし、二〇世紀初頭にはそうではなく、国と国の間の紛争を解決するためには戦争に訴えるのもやむをえない、と考えられていた。戦争がよいものだとされていたわけではないにせよ、戦争を人びとは究極的に許容していたのである。

その後世界の人びとは、二度の世界大戦を経験することになった。ばく大な数の犠牲者を生んだこうした戦争を経るなかで、紛争解決のために戦争に訴えることは許されないという合意が育まれてきた。その結果、現在のような常識が生まれたのである。

これは、戦争をめぐる国際規範が大きく変化してきたことを示している。国際規範とは、国際的にある行為をしてもよいかどうか、あるいはどのようになすべきかを、世界の人びとが判断する際の基準である。一般に、国際社会での各国間の関係は、それぞれの国がもつ軍事力や経済力といった力によって規定されると考えられることが多く、その場合には国際規範の役割は軽視されがちである。しかし実際には、国際社会のなかで規範が果たす役割はきわめて大きい。それだからこそ、多様な規範が作られ、広められ、守られてきている。そうした規範のなかで、最も重要なものが、戦争と平和をめぐる国際規範であるといってよいであろう(足立 二〇一五)。本章では、帝国主義の時代から現在に至る期間に、戦争と平和をめぐってどのような国際規範が作られて、かつそれがどのように実践されてきたかということを、概観していきたい(有益な概観として、佐藤 二〇二一、および後藤 二〇二二。より詳しくは、松井 二〇一八)。

I 「無差別戦争観」と戦争法

「無差別戦争観」

帝国主義の時代に世界で優位に立つようになっていたヨーロッパでは、主権国家の体制が整ってきていたが、主権国家が互いに競合しながら織りなす世界には、国内社会と異なって、国家間の争いを公正な立場で裁く判定者は存在していなかった。そのため、何らかの紛争が生じた場合、戦争に訴えてその解決を図ることは、独立した平等の存在である主権国家がとりうる当然の行動として許容されていた。それ以前、一七世紀頃までのヨーロッパでは、戦争を起こす理由が正当であるかどうかを宗教上の理由などから判断する「正戦論」が唱えられていた。しかし一八世紀以降、主権国家体制が展開するなかで、国家が戦争を始める権利を正当化の理由は問わないまま認める戦争観が広がってきていたのである。とくに日本ではこうした戦争観を「無差別戦争観」（後にドイツの法学者カール・シュミットが使い始めた概念）と呼ぶことが多い（柳原 二〇〇一）。

そして、このような考え方のもとで、各主権国家は、軍事力や経済力など自国のパワーを涵養しながら、第3章で見たように、勢力均衡、さらに同盟の形成などを追求していった。

戦争法の整備

各国の主権平等を前提とする「無差別戦争観」は、いったん戦争が始まれば、交戦国は平等の位置に立って、戦争に関する共通した規則を守らなければならないという原則につながった。戦争の遂行に関わる取り決めは、それまでにもいろいろと考えられてきていたが、一九世紀半ば以降に整備されていったのである。たとえば、一八五六年に出されたパリ宣言では、中立国の旗を掲げている船の扱いなどが取り決められ、アンリ・デュナンの努力で六四年に結ばれた赤十字条約では、戦地での傷病兵の救護活動や救護者の中立性保護が決められた。また六八年のサンクトペテルブルク宣言では、非人道的とみられる特定の兵器の使用が禁止された（石神 二〇一七：一二六頁）。

このような戦争法（戦時国際法）にとって大きな意味をもつことになったのが、一八九九年と一九〇七年の二度オランダのハーグで開かれた万国平和会議である。この会議は、諸国が軍事力を強化しつつある状況を前に、「絶え間ない軍備増強に終止符を打つ」という目的で、ロシア皇帝ニコライ二世の呼びかけによって開催された（Abbenhuis 2019: p. 1）。そして、軍備制限自体には参加各国の賛同を得られなかったものの、この会議では戦争法の整備が進むことになった。

一八九九年会議で採択され一九〇七年会議で改定された「陸戦の法規慣例に関する条約」（いわゆる「ハーグ陸戦条約」）が顕著な成果である。たとえば、捕虜は人道をもって扱われるべきといった捕虜取り扱いのルールはこの条約によって確立した。また、別個の条約で、前述したサンクトペテルブルク宣言の方向性に沿うダムダム弾の禁止も決められた。ダムダム弾は、人体に命中すると衝撃で拡張して体内に留まって大きな傷を作る武器であり、禁止の対象とされることになったのである。

戦争法と植民地戦争

ここで注意すべきは、このような規範の対象となる戦争が、「文明国」の間の戦争に限られ、第3章で説明した植民地戦争は対象とされていなかったことである（Kreienbaum 2022）。

こうした姿勢の背景にあったのは、ヨーロッパ諸国の「文明」水準に達した「文明国」でなければ国際的な規範を実施する主体、つまり国際法の担い手になることができないという、「文明国標準」という考え方であった(Gong 1984)。植民地化される側は「野蛮」な存在であって、その標準を満たしておらず、それに対する戦争に国際的な規制は適用されないとされたのである。

前述したダムダム弾禁止をめぐる議論でのイギリス代表の発言は、「文明国」の姿勢をよく示していた。ダムダム弾はもともとイギリス支配下のインドで作られ、イギリス軍によってスーダンでの植民地戦争において用いられていた。イギリス代表はその使用禁止に強く反対するに際して、兵器の改良を制限しようとするいかなる提案も「野蛮な国の利益に沿うものとなり、はるかに文明化した国々の利益に反するものとなる」と考えていたのである(Abbenhuis 2019: p. 84)。ただし、イギリスもその後、ダムダム弾の使用をさし控えはじめることになる。

第一回と第二回のハーグ会議の中間の時期に、ドイツ領西南アフリカでヘレロ人・ナマ人の大虐殺が発生した。ドイツ側がきわめて問題のある行動をとっていることは、当時でも知られており、一八九九年会議で決められた戦争法に照らした批判がメディアでなされることはあったものの、それは「野蛮」な人びとに対する「文明国」ドイツを縛るものではなく、ドイツの行動は抑えられなかった(Abbenhuis 2019: pp. 118–119)。

Ⅱ　戦争の違法化

第一次世界大戦から国際連盟へ

帝国支配列強間の競合は、結局第一次世界大戦の勃発につながった。未曽有の戦争被害を生んだこの大戦を経験することにより、戦争に対する疑問、批判は強くなっていった。それを示した表現が「戦争を終わらせるための戦争」である。イギリスの作家H・G・ウェルズが使いはじめ、アメリカのウッドロー・ウィルソン大統領も用いたことでも有名になったこの言葉にこめられたように、戦争というものに終止符を打たなければならないという考え方が広がったのである。

一九一八年一一月に大戦が終わった後、パリ講和会議で結成が準備された国際連盟は、その規約が「締約国は、戦争に訴えないという義務を受諾し」という文言で始まったことからも分かるように、何よりもまず世界平和への想いを実現するための組織として発足した。戦争に訴えないということこそが主権国家の義務であるとされるようになったのである。それにもかかわらず他国に対して侵略戦争を起こす国に対しては、他の国々が協同して制裁(連盟規約で示されたのは経済制裁であった)を行うという集団安全保障の制度がつくられた。第一次世界大戦までの世界における勢力均衡や同盟を基盤とする安全保障の体制とは大きく異なる仕組みが導入されたのである。

国際連盟規約は、さらに平和維持のための軍備縮小をうたい、武器製造業の問題性をも明記していた。この点も、軍縮に及び腰であったそれまでの国際社会のことを思うと、著しい変化であったといってよい。

しかし、戦争のない世界をつくっていくためには連盟規約での取り決めではまだ不十分である、と考える人びとも存在した。最もよく知られているのが、アメリカ人弁護士サーモン・レヴィンソンである。彼は戦争の合法性を完全に否定することをめざし、国内で殺人が違法なものとして規制されているように、国家間の戦争廃絶のためには、「戦争に反対する法」が必要であるが、連盟規約には限界があると考えた。そして、彼をはじめ、国際社会から真に戦争をなくすには連盟規約に加えて新たな取り決めを結ぶ必要があると考える人びとによって、戦争の違法化をめざす運動が展開された（三牧 二〇一四：第三章）。

前節での議論との関連で注目すべき点は、レヴィンソンらが、植民地をめぐる戦争には関心を示さなかったことである。三牧聖子が指摘するように、「大戦間期を通じて戦争違法化運動の関心は「主権国家」間の戦争廃絶に向けられ、植民地宗主国と従属国との支配－従属関係に向けられることはなかった」（三牧 二〇一四：一四四―一四五頁）。この点に関しては、国際連盟も、帝国主義の時代につくり上げられた世界体制の基本的構造に修正を図ることなく、列強による植民地領有を是認したことに注意しておきたい。連盟のもとで、敗戦国の領土・植民地は委任統治（mandate）地域として戦勝した帝国支配国に委ねられた。委任統治は、剝き出しの植民地支配とは確かに異なってはいたものの、基本的には植民地領有の新たな形に他ならなかったのである。

パリ不戦条約と戦争の違法化

戦争を違法化しようという運動は、一九二〇年代の後半に入って、フランスの動きを皮切りに国際的な条約の形をとっていった。

フランスは、プロイセン・フランス戦争(一八七〇—七一年)以降、ドイツとの間で一貫して緊張関係をかかえており、第一次世界大戦で戦勝国となってからもドイツに対する安全保障体制を求めていた。そうしたフランスにとって、国際連盟の集団安全保障体制は安心できるものではなかった。二五年にイギリスやドイツなどとの間で独仏国境の安全保障取り決めを含むロカルノ条約が結ばれた後も、フランス政府はアメリカによる保障を求めつづけた。アメリカ側がそれに消極的な姿勢をとるなかで、二七年四月にフランスが新たにとった方策が、両国が相互に戦争を放棄する恒久友好条約の締結に向けた提案であった。「もしこの二大民主国の間で、平和愛好の精神をより高く証明して人びとの前にその範例をより崇高に示したいと望まれるのであれば、フランスは合衆国と、アメリカ人の表現に従えば「戦争を追放」する取極を公式に取り交わす用意がある」と、フランス外相アリスティド・ブリアンは、アメリカ国民に呼びかけたのである(牧野 二〇二〇:二九頁)。これは、明らかにアメリカで推進されていた戦争違法化運動を念頭に置いた働きかけであった。

アメリカにおける戦争違法化運動の支持者はこの提案を歓迎したが、アメリカ政府は慎重であり、提案に対する実質的な拒否回答として、一般的な戦争放棄を宣言する多国間協定であれば自国も喜んで締結すると応じた。ブリアンにとっては米仏間の二国協定こそ意味をもっていたが、いったん提起して世論に大きな反響を呼び起こした戦争違法化の提案を反古にすることはできなかった。こうしてブリアンと米国務長官ケロッグの名前を冠してケロッグ＝ブリアン条約と呼ばれることになる不戦条約(パリ不戦条約)が作成され、二八年八月二七日にフランス外務省「時計の間」で調印された。この部屋は、八年前に国際連盟が最初の会議(理事会)を開いた場所でもあった。調印を行ったのは、米仏の他、イギリス、ドイツ、イタリア、日本など一五カ国であり、三四年までには参加国は六三カ国となった。

不戦条約は、三条のみから成る短いもので、実質部分は第一条と第二条であった。条約締約国は、第一条で「国際紛争解決のために戦争に訴えることを非難し、かつ、その相互の関係において国家政策の手段として戦争を放棄する」ことを宣言し、第二条で相互間の紛争の処理・解決を「その性質または原因の如何を問わず、平和的手段以外で求めない」ことを約束した。

簡潔であるだけに、この条約で洩れる問題もまた多かった。重要なのは、この条約に参加しても自衛権が制限されるわけではないことが、アメリカなどによって強調されていたことであり(西嶋二〇一二)、また自衛の対象となる侵略行動がいかなるものであるかについても条約は触れることがなかった。さらに注目したいのは、この条約が、戦争と平和に関わる国際規範の植民地戦争への不適用という性格を、相変わらず帯びていたことである(牧野二〇二〇：八七頁)。

このような問題点をかかえていたとはいえ、パリ不戦条約は、第一次世界大戦後の戦争忌避、平和希求の流れを体現し、戦争の違法化という新たな国際規範を示す、重要な取り決めとしての意味をもつことになった。

戦争違法化への背反

しかし、この規範はすぐに踏みにじられていった。そうした行動をまずとったのは、一九三一年九月に中国東北部(満州)において軍事行動(満州事変)に出た日本である。

日本は、パリ不戦条約の原加盟国であった。従って、日本の行動が不戦条約違反ではないかという疑問が国際的に生じたのは当然であったが、日本側は条約違反の行動にはあたらないという姿勢を貫いた。たとえば一〇月半ばにそれに関するフランス政府の疑義が伝えられたのに対し、日本政府は、不戦条約で禁じられていない自衛のための軍事行動であると、強弁した(松原 一九三二：一〇六頁)。しかしそうした説明に説得力はなく、三二年初頭にはアメリカのヘンリー・スティムソン国務長官が日本の侵略による中国の領土・行政の侵害と不戦条約に違反するいっさいの取り決めは承認しないとする、いわゆる「スティムソン・ドクトリン」を発した(Stimson 1932)。この「スティムソン・ドクトリン」は、それを「きっかけとして、旧世界秩序の解体と、新たな法体制の構築が始まった」と評価されることもある(ハサウェイ&シャピーロ 二〇一八：二三九頁)。さらに、同年三月の国際連盟総会も、連盟規約とパリ不戦条約に背反する手段で達成された状況や条約などは認めないとする決議を、日本を除く満場一致で採択した。

日本につづいて、戦争による植民地獲得行動に踏み切ったのは、三五年にエチオピアへの侵略を開始したイタリアであった。この戦争に際しては、国際連盟規約の制裁条項を適用する形で経済制裁がともかくも実施されたが、きわめて不十分なものにとどまり(篠原 二〇一〇：二二九―二三二頁)、イタリアも結局エチオピア征服に成功した。

イタリアはその後三七年に国際連盟を脱退した。日本も満州事変後の三三年に連盟脱退を決め、同年それにくびきを接する形で連盟脱退を決定したドイツも、軍備拡張の方針を露骨に示し、戦争への道を進んでいった。

一九二〇年代以降、戦争違法化の動きとならんで、戦争法の整備も進んでいたが、日本やイタリア、ドイツは、そうした戦争法も蹂躙していった(Overy 2021: p. 768)。たとえば、二二年に起草された「空戦に関するハーグ規則案」は、結局批准されることがなかったものの、空からの攻撃の対象は軍事目標に限られ、一般住民の財産は攻撃しないという原則を定めた。しかし、この規範は、日本によっても(南京爆撃など)、イタリア、ドイツによっても(スペイン内戦での爆撃など)蹂躙された。また二五年には、第一次世界大戦で広範に使われた毒ガスの使用を禁止する取り決めが成立したが、イタリアはエチオピアで、日本は中国で、毒ガスを用いた。さらに二九年には捕虜の処遇をめぐる規則がさらに整備されたが、日本軍にはそれを無視する行動が目立ったのである。

こうして、戦争違法化の方向性も、整備されてきた戦争法も、枢軸国陣営を形成した日本、イタリア、ドイツによって軽視され、無視されるなかで、世界は再び世界大戦に突入していった。

Ⅲ　国際連合のもとで

国際連合とその周辺

第二次世界大戦期には、先の大戦後の失敗を教訓としながら、戦争終結後に永続的な平和を担いうる新たな国際組織をつくろうとする動きが、早い時期から始まった。まだアメリカが参戦する前の一九四一年八月にアメリカのフランクリン・ローズヴェルト大統領とイギリスのウィンストン・チャーチル首相がもった大西洋会談で、それに向けての決意がいち早く示されたのである。戦争がつづくなかで設立準備は進められ、国際連合の憲章草案が、四四年八月から一〇月にかけて開かれた米・英・ソ連・中国の四カ国会議で作成され、翌四五年四―六月に、サンフランシスコで連合国による討議に付せられた。この会議には五〇カ国が参加し、中小諸国も活発に発言して、多くの修正が加えられた。ただし、憲章草案に盛り込まれた、大国に特別の権利を保障する安全保障理事会常任理事国の拒否権問題をめぐっては、中小国側からの強い批判は功を奏さなかった。

こうして作られた国連憲章は、第二条で、「すべての加盟国は、その国際関係において、武力による威嚇又は武力の行使を、いかなる国の領土保全又は政治的独立に対するものも、また、国際連合の目的と両立しない他のいかなる方法によるものも慎まなければならない」として、戦争違法化(ここでは戦争よりも広い「武力の行使」という表現が用いられている)の方針を明確に打ち出した。それに先立って「すべての加盟国は、その国際紛争を平和的手段によって国際の平和及び安全並びに正義を危くしないように解決しなければならない」とされており、紛争の平和的解決が積極的な義務として規定された。ただし、武力攻撃を受けた場合の自衛権は認められていた。結局国際連合のもとでは、この自衛権に基づく武力行使と、不法な軍事侵攻などに対応して集団安全保障の原則のもとで安全保障理事会決議に基づいて行われる武力行使とを除いて、武力行使は禁止されることになったのである。

一方、戦争法の方は、それまでの捕虜取り扱いの取り決めなどに、一般住民の保護を目的とする条約も加えられる形で、一九四九年にジュネーヴ諸条約（四つの条約から成る）がつくられた。戦争違法化を示す国連憲章と、戦争が起こった場合の人道的なルールを示すジュネーヴ諸条約によって、現代世界における戦争と平和をめぐる国際規範の基礎が据えられたと言える。なおジュネーヴ諸条約は、七七年に採択された二つの追加議定書によって補完されることになった。また、ユダヤ人などの大量虐殺のような行為をジェノサイドという犯罪として対象にする「ジェノサイド条約」も四八年の国連総会で採択された。

戦争責任と国際軍事裁判

第二次世界大戦直後は、戦争違法化という規範を前提とした戦後処理も進んでいった。ドイツと日本を対象として、国際軍事裁判（ニュルンベルク裁判と東京裁判）が開かれ、平和を破って戦争を引き起こした罪(「平和に対する罪」)で、戦争指導者個々人が裁かれたのである。また大戦中に起こったユダヤ人大虐殺を念頭に置いて、「人道に対する罪」という新たな罪も設けられた。それは、非戦闘員に対する非人道的な行為を対象とするもので、具体的には、一般住民の殺人、奴隷化、強制連行、政治的・人種的・宗教的理由にもとづく迫害行為が裁きの対象となった。従来から戦争法で扱われていた通常の戦争犯罪に加えて、これらの罪が裁判の根拠となったことは、戦争をめぐる国際規範の大きな変化の帰結であった。ニュルンベルク裁判の冒頭で、イギリスからの検察官ハートレー・ショークロスは、裁判の前提としてパリ不戦条約の意味を強調したのである(ハサウェイ&シャピーロ 二〇一八:三八一頁)。

国際軍事裁判をめぐる協議が始まったのは、国連発足のためのサンフランシスコ会議が終わったその日であり、こうした新たな罪の設定は、四六年一二月の国連総会で認められ、国際規範としての意味が確かなものとなった(ヴァインケ 二〇一五:一八七頁)。

このような原則のもとで開かれたニュルンベルク裁判でも東京裁判でも、主要な戦争指導者に有罪判決が下され、死刑が執行された。これらの裁判に関しては、結局のところ勝者が自国の行為を棚にあげて敗者を一方的に裁いた「勝者の裁き」であったという批判が、一貫してなされてきている。確かにそうした性格は拭えないものの、戦争やそれに関わる残虐行為を国際的に裁く場が作られたことの歴史的意味は大きい。

ここでは、これらの国際軍事裁判、とりわけ東京裁判の問題点として、植民地支配、植民地主義の問題が欠落していたことをあげておきたい(宇田川 二〇一八)。東京裁判で日本を裁いたのは植民地支配国であって、日本支配のもとで苦しんだ植民地の声は反映されず、アジアの植民地の一般住民に対して日本が行ったことは軽視されたのである(大沼 二〇一八)。

戦争をめぐる国際規範と脱植民地化

植民地に目を向けてみると、これまで述べてきたように平和を志向する戦後体制がつくられていた時、インドネシア(オランダ領東インド)ではオランダからの独立をめざす戦争が、インドシナではフランスからの独立をめざす戦争(第一次インドシナ戦争)が続いていた。第3章で検討したように、「脱植民地化の戦争」の時代が始まっていたのである。

しかし、できたばかりの国連は、脱植民地化の問題を十分に位置づけていたとはいえず、独立に至る民族自決権の問題にせよ、独立を実現する方法としての武力行使(民族解放戦争)の問題にせよ、正面から取り組む姿勢は強くなかった(Getachew 2019: pp. 71–72)。

国連において民族自決権、植民地独立の権利がはっきり認められたのは、すでに独立のプロセスがかなり進んできた一九六〇年一二月の総会決議(「植民地独立付与宣言」)においてであった。ただ、この決議は、植民地支配国側が植民地の独立を妨げるために武力を行使することは禁じたものの、植民地側が独立のために行う武力行使(民族解放戦争)については何も述べていなかった。それをめぐる議論はその後も続き、一〇年後の七〇年に採択された「植民地独立付与宣言の完全な履行のための行動計画」では、「あらゆる必要な手段で闘争する植民地人民の固有の権利」が確認された（家一九七三）。戦争違法化の原則のもとでも、民族解放戦争が例外的に正当化される道が開かれたのである。その方向性は、ジュネーヴ諸条約の追加議定書でも確認された。植民地戦争が国際社会によって無視されていた時代から、世界は大きく変わったのであり、これはまさに脱植民地化の時代を反映していた（藤田 二〇〇三：七三頁）。

脱植民地化と戦争・平和をめぐる国際規範という問題をめぐっては、新たに独立した国々が中心となって一九五〇年代に打ち出した平和五原則や平和十原則の問題にも触れるべきであるが、平和十原則については、バンドン会議の精神をめぐるコラム3を参照されたい。

Ⅳ　国際人道法の模索

内戦と人道的危機をめぐって

冷戦終結後の世界では内戦が目立つようになったが、そのなかで、「民族浄化」（コラム1参照）とみなされる事態を含んで展開した旧ユーゴスラヴィアやルワンダなどの内戦には、国際社会が強い関心を寄せ、国連安保理決議に基づいて、旧ユーゴスラヴィア国際刑事裁判所（一九九三―二〇一七年）とルワンダ国際刑事裁判所（一九九四―二〇一五年）が設置された。さらに、地域を限定しない常設の裁判所として、国際刑事裁判所（International Criminal Court 以下、ＩＣＣと略記）が二〇〇二年、オランダのハーグに開設された。これらは、第二次世界大戦後の国際軍事裁判を先例とするものであり、戦争や内戦の過程で生ずる重大な人権侵害を、国際的な裁判で取りあげ、そうした行為に責任がある個人を裁くことがめざされたのである。とりわけ、ICCの設置は画期的であった(長 二〇一二:二〇六―二〇七頁)。これらの裁判所では、通常の戦争犯罪の他、「人道に対する罪」や、ジェノサイドの罪が対象とされ、さらにICCの場合は、「平和に対する罪」の延長線上にある侵略犯罪も裁きの対象とされることになった。

その結果、旧ユーゴスラヴィア国際刑事裁判所では、ボスニア内戦でイスラム系ボスニア人の大量虐殺を指示したラドヴァン・カラジッチに禁錮四〇年の判決が下され、ルワンダ国際刑事裁判所では、ジェノサイドの責任者としてジャン=ポール・アカイェスに終身刑の判決が下された。

このような裁判が可能になったのは、かつては戦争法の対象外であった内戦にも戦争法が適用されるようになったためである。本章でこれまで戦争法と呼んできたさまざまな取り決めのうち、人道的性質をもつ規則は、一九七一年の赤十字国際委員会による提唱で、国際人道法と総称されるようになった。そして、国際人道法を内戦にも適用することが、七七年のジュネーヴ諸条約第二追加議定書で決められたのである。

内戦で生じる人道的危機をめぐっては、それを終わらせたり緩和させたりするために、他国が武力を用いて介入すること(「人道的介入」)が合法かどうかという問題も、浮上してきた。実際、九九年には、セルビア共和国内のコソヴォ自治州でセルビア軍による暴力的抑圧にさらされたアルバニア系住民を人道的危機から救うためという理由で、NATO軍が国連安保理の決議はないままユーゴ空爆を行ったが、その際NATO側、とりわけイギリスはそれを「人道的介入」の論理で説明した。こうした論理は、二一世紀になって、「保護する責任(Responsibility to Protect: R2P)」と表現されるようになった。ただし、国家主権にはっきり抵触する場合があるこの権利が新たな国際規範といえるかどうかをめぐっては、世界のコンセンサスがまだできあがっていない(清水 二〇一八)。

「対テロ戦争」の問題点

国家主権を侵すことになる武力行使を正当化する論理として、二一世紀になって使われるようになったのが、「対テロ戦争」論である。それが打ち出されたのは「アメリカ同時多発テロ」後のアフガニスタン攻撃時であったが、ここで注意すべき点は、国際的テロリズムに対する戦いといいながら、アフガニスタンという国家がアメリカの攻撃対象として選ばれたことである。アメリカに対してテロ攻撃を仕掛けたのは、アルカーイダという国際テロ組織であり、その本拠がアフガニスタンに置かれていたことは分かっていた。ただし、アフガニスタン政府がアルカーイダを使ってテロ行動を起こしたわけではなく、アメリカがアフガニスタンの領土を攻撃することは、本章でみてきた戦争違法化の流れに反するものであった。しかし、「同時多発テロ」事件の翌日、ホワイトハウスで開かれた会議で、ディック・チェイニー副大統領は、アメリカの目標をテロ組織に絞るべきだという意見を抑える形で「テロリズムを支援するものも含むように、われわれの任務を広く定義すると、われわれの攻撃する相手は国です。ビン・ラディンを捜し出すより、国を見つけるほうが簡単だ」と述べたという（ウッドワード 二〇〇三：五八頁）。こうした考え方のもとで「対テロ戦争」が遂行され、戦争違法化の流れのなかでも許容される「正しい戦争」であると説かれるようになったのである。

そして、「対テロ戦争」としての武力行使正当化の議論は、アメリカ自身によるイラク戦争のほか、パレスチナ紛争におけるイスラエルの対ハマス行動や、シリアでの内戦へのロシア介入などにおいても、援用されていった。

核兵器禁止条約へ

冷戦期から二一世紀にかけて、国際人道法の整備も、遅々としたペースではあったが、着実に進んでいった。一九四九年におけるジュネーヴ諸条約とそれへの二つの追加議定書の締結については、前述した。八〇年には、特定通常兵器使用禁止制限条約が結ばれたが、これは本章の最初の方で見たダムダム弾禁止条約の延長線上に位置するもので、過剰な傷害または無差別の効果を発生させる通常兵器の使用を禁止または制限する条約であった。さらに、冷戦終結後の九三年には化学兵器禁止条約が結ばれ、九七年には対人地雷禁止条約が、二〇〇八年にはクラスター弾に関する条約が締結された。ここで強調しておきたいのは、地雷やクラスター爆弾の禁止が実現するにあたっては、それを目的として結成された非政府組織（NGO）などの下からの運動が大きな役割を演じてきたことである(崎井 二〇一五)。

第二次世界大戦後一貫して平和を求める運動の中心的主題となってきた核兵器の禁止をめぐっても、二〇〇七年に核兵器廃絶国際キャンペーン(ICAN)というNGOが結成され、核兵器の非人道性をめぐる国際会議なども開かれるようになった。こうしたNGOなどと非核保有国が協力して繰り広げた運動の結果、一七年に核兵器禁止条約が国連で採択された(二一年一月発効)。核兵器がもつ恐ろしさからみて、この条約の重要性は、いくら強調しても足りることがない。しかし、アメリカをはじめとする核兵器保有国や、アメリカの「核の傘」に相変わらず頼っている日本などが不参加の姿勢を貫くなど、この条約の前途は多難である。

V ウクライナ戦争と国際規範

本章では、二つの世界大戦などを経験するなかで戦争と平和をめぐる国際規範が作られてきた様相を検討した。その上で、現在進行中のウクライナ戦争に眼を向けると、戦争を仕掛けたロシアがそうした規範をことごとく蹂躙していることがよく分かってくる。

ロシアのウラジーミル・プーチン大統領は、開戦に際して、ウクライナ東部の「ドネツク人民共和国」および「ルハンスク人民共和国」からの支援要請を受けて、自衛権を規定した国連憲章五一条に従って、「特別軍事作戦」に出たものであるとして、武力行使を正当化した。しかし、これら地域をめぐるウクライナ国内の状況に極端な民族主義者の活動などいろいろな問題があったということを考えに入れたとしても、これらの「人民共和国」の独立性にせよ、そこで起こっているとプーチンが主張した事態にせよ、戦争正当化の理由にはなりえない。戦争違法化という最も重要な国際規範をロシアは破っているのである。

さらに、本章で今一つ検討してきた戦争法や国際人道法に照らしてみても、ロシアはさまざまな規範を犯している。使用が禁じられている対人地雷やクラスター爆弾を用いたことは明らかである。ブチャにおける住民の虐殺をジェノサイドと規定するかどうかについては、慎重な検討が必要であるが、ジェノサイドを想起させる残虐行為がなされたことは間違いない。ウクライナ国内でのロシア軍の行動をめぐってＩＣＣがいち早く活動を開始したのも、不思議ではないのである。二〇二三年三月、ＩＣＣは、占領地域からロシアへ子どもたちを連れ去った行為が「戦争犯罪」にあたるとして、プーチンに対する逮捕状を出すに到った。

さらにプーチン大統領は、繰り返し核兵器の使用可能性をほのめかしているが、そうした言動は、国連憲章が禁じる「武力による威嚇」に相当し、さらに核兵器使用禁止という規範への重大な挑戦となっている。

戦争に関わる国際規範に照らしてウクライナ戦争を全体として評価しようとすれば、もちろん、ウクライナ側の戦争遂行の様相や、ＮＡＴＯ諸国の関わり方など、多様な面の検討が必要である。また、ロシアの行動の問題性にもかかわらず、ロシア非難をさし控え、アメリカなどの動きをむしろ批判的に見る国々（旧植民地地域に目立つ）が多いという状況の背後に、植民地支配や植民地戦争と国際規範の関連をめぐる歴史的記憶が存在するという点も考慮しなければならない。そうした国々は、今ロシアを非難している諸国、とりわけアメリカがさまざまな国際規範に違反する行動を繰り返してきたというダブルスタンダードにも、批判の眼を向けている。ただ、そのような問題を考えたとしても、ウクライナ戦争の核心が、ロシアによる侵略戦争という性格であることは間違いない。それは、戦争を許さない世界を求めてきた人びとの努力を完全にふみにじる行為なのである。

第3章の最後で述べたように、ウクライナ戦争に直面した結果、軍事化の方向に大きく舵をきる傾向が目立っているが、こうした動きが行き着くところは、戦争の危険性に満ちた世界以外の何物でもない。このような時であればこそ、軍事力をいかに規制するか、さらには戦争を許さない世界をいかに作っていくかについて考え出されてきた国際規範の意味を改めて認識することが必要である。そして、それらをいっそう実効性があるものにするための努力を払っていくことが、国際社会において求められているのである。

〔参考文献一覧〕

足立研幾（二〇一五）『国際政治と規範——国際社会の発展と兵器使用をめぐる規範の変容』有信堂高文社

家正治（一九七三）「民族解放戦争と民族自決権——「植民地独立付与宣言の完全な履行のための行動計

画」を中心に」『神戸外大論叢』二四巻一号
石神輝雄（二〇一七）「特定兵器の使用禁止と「不必要な苦痛禁止原則」の展開――一八六四年から一九四五年までの条約実行の検討を通した予備的考察」『広島法学』四〇巻三号
ヴァインケ、アンネッテ（二〇一五）『ニュルンベルク裁判――ナチ・ドイツはどのように裁かれたのか』板橋拓己訳、中公新書
宇田川幸大（二〇一八）『考証東京裁判――戦争と戦後を読み解く』吉川弘文館
ウッドワード、ボブ（二〇〇三）『ブッシュの戦争』伏見威蕃訳、日本経済新聞社
大沼保昭（二〇一八）「東京裁判――歴史と法と政治の狭間で」『外交史料館報』三一号
長有紀枝（二〇一二）『入門　人間の安全保障――恐怖と欠乏からの自由を求めて』中公新書
後藤春美（二〇二二）「二十世紀における国際体制の展開と平和」岡本隆司他編『国際平和を歴史的に考える』山川出版社
崎井将之（二〇一五）「クラスター爆弾禁止レジーム形成過程の分析」『法学会雑誌』（首都大学東京）五五巻二号
佐藤哲夫（二〇二二）「国際法秩序の変容と「武力行使禁止原則」の課題」広島市立大学広島平和研究所編『広島発の平和学――戦争と平和を考える13講』法律文化社
篠原初枝（二〇一〇）『国際連盟――世界平和への夢と挫折』中公新書
清水奈名子（二〇一八）「人道的介入は正当か」日本平和学会編『平和をめぐる14の論点　平和研究が問い続けること』法律文化社
西嶋美智子（二〇一一）「戦間期の「戦争の違法化」と自衛権」『九大法学』一〇三号

ハサウェイ、オーナ、スコット・シャピーロ（二〇一八）『逆転の大戦争史』野中香方子訳、文藝春秋
藤田久一（二〇〇三）『新版　国際人道法（再増補）』有信堂高文社
牧野雅彦（二〇二〇）『不戦条約――戦後日本の原点』東京大学出版会
松井芳郎（二〇一八）『武力行使禁止原則の歴史と現状』日本評論社
松原一雄（一九三二）『満洲事変と不戦条約・国際聯盟』丸善
三牧聖子（二〇一四）『戦争違法化運動の時代――「危機の20年」のアメリカ国際関係思想』名古屋大学出版会
柳原正治（二〇〇一）「いわゆる「無差別戦争観」と戦争の違法化――カール・シュミットの学説を手がかりとして」『世界法年報』二〇号

Abbenhuis, Maartje (2019), *The Hague Conferences and International Politics, 1898–1915*, Bloomsbury Academic.

Getachew, Adom (2019), *Worldmaking after Empire: The Rise and Fall of Self-Determination*, Princeton University Press.

Gong, Gerrit W. (1984), *The Standard of 'Civilization' in International Society*, Clarendon Press.

Overy, Richard (2021), *Blood and Ruins: The Great Imperial War 1931–1945*, Allen Lane.

Stimson, Henry (1932), "Text of Stimson Address on the Pact of Paris," *Current History*, 36-6.

インターネット文献

Kreienbaum, Jonas (2022), "Colonial Policy, Colonial Conflicts and War before 1914," in: *1914-1918-online, International Encyclopedia of the First World War*. Berlin Freie Universität (https://encyclopedia.1914-1918-online.net/article/colonial_policy_colonial_conflicts_and_war_before_1914).

第6章
平和を求める運動はやむことはない

南塚信吾

「バランス・オブ・パワー」を越えて

人類史上、平和を求める思想は、古代中国の墨子の「非攻」の思想や、古代ギリシアの喜劇作家アリストファネスによる戯曲『女の平和』などから見ることが出来るが、ここでは近代の平和の思想と運動を、一八世紀あたりから考えることにしたい。

その出発点となるのが、「バランス・オブ・パワー（勢力均衡）」の考えであった。ヨーロッパにおいて、三十年戦争後のウエストファリア講和（一六四八年）によって主権国家体制ができたのち、国家間の力を均衡させる「バランス・オブ・パワー」によって平和を維持しようと考えられた。主権国家とは、一定の領域内の住民を、徴税権と常備軍によって、一定の主権者（当面は国王）が統治する国家で、その国家への支配や干渉をしないことを相互に保障しあうことを建前としていた。こういう主権国家間の力の均衡つまり「バランス・オブ・パワー」によって平和が保障されるという考えは、現代まで根強く続いているが、それが軍備拡張の競争をもたらしてきたのでもあった。今では、平和の思想と運動は、「バランス・オブ・パワー」で平和が維持できるのか、あるいはそれを越えて行かねば平和は得られないのかという問題をめぐって、繰り広げられているのである。

そういう近代の平和思想は、一八世紀にヨーロッパにおいて明確な形で現れ、フランス革命を経て、一九世紀中頃から平和運動にもなり、さらに、第一次世界大戦と第二次世界大戦を経て、社会主義や核兵器との関係で、地球的な連携を持つ「マクロ運動」として発展した。しかし、一九八〇年代以降、こういう「マクロ運動」としての平和運動は世界的にしだいに勢いを失った。代わりに種々の具体的な、身近な問題から発する「ミクロな運動」としての平和運動は広がっており、新たな形で平和運動は着実に続いていると言える。

I　近代の平和思想と平和運動

平和思想の登場

ウエストファリア講和後も、スペイン継承戦争(一七〇一―一四年)など、戦争は絶えなかった。そこで、勢力均衡では平和は維持できず、国家間の連合組織をつくって争いを防ぐことが平和になると考えられた。サン＝ピエール『ヨーロッパ永久平和論』(一七一三―一七年)は、勢力均衡は安全を保障しないとして、ヨーロッパ連盟をつくって紛争を解決することを提唱した(遠藤編 二〇〇八：二四―二八頁)。しかし、さらにオーストリア継承戦争(一七四〇―四八年)などが起きると、国家が君主の私物であるが故に戦争が起きるのだから、国家を国民のものにすれば戦争はなくなると考えられるようになった。そして一八世紀末には、イマヌエル・カント『永遠平和のために』(一七九五年)が、永遠の平和を生み出すために、「独立している国」の尊重や「常備軍」の廃止や他国への武力「介入」の禁止を主張し、とりわけ、「どの国であれ、市民のあり方は共和的であるべきである」ことや「諸民族の合一国家をつくる」ことを提案した(カント 二〇一五)。この二人の説は、後々まで平和思想の基礎となった。やがて日本では中江兆民も『三酔人経綸問答』(一八八七年)の中で「洋学紳士」にこれらを非武装論として紹介させることになる。

しかし、フランス革命とナポレオン戦争後、国家が国民のものになっても戦争がなくならないことが反省され、戦争自体を研究する必要があると考えられた。その代表が、クラウゼヴィッツ『戦争論』(一八三二年)である。彼は、戦争は「突如として勃発するものではない」のであり、「戦争は政治におけるとは異なる手段をもってする政治の継続にほかならない」のだと主張した(クラウゼヴィッツ 一九六八(上)：三七、五八頁)。これは直ちに戦争の抑止にはならなかったが、外交の重要性を認識させることとなった。

この後、クリミア戦争(一八五三―五六年)が起きて戦争の惨禍が長引くと、あらためて平和の必要性が考えられ、そこに非暴力平和主義が登場した。その代表がトルストイ主義で、キリスト教に基づく戦争の絶対否認の思想であって、愛国主義も否定していた。彼の思想はその後広い反響を見出した。日本でものちの日露戦争にさいして、『平民新聞』が「トルストイ翁の非戦論」を紹介していた（林・西田編 三三―三六頁）。また、トルストイと同じくキリスト教的な立場から、内村鑑三が「非戦」を唱えていた（富岡 二〇〇四、藤原 二〇一四：八七―八八頁）。

社会主義者の平和運動

一九世紀後半には、社会主義者が登場し、国家がブルジョワジーという一部の人の利益のための国家であるかぎり戦争はなくならず、祖国を持たないプロレタリアートが平和を守るのだと主張し、戦争に反対した。だが、同時に戦争を機にプロレタリアートの革命が起こり得ることも想定していたため、絶対平和というには限界があった。これは、一八八九年に設立された社会主義者の国際的集まりである第二インターナショナル（―一九二〇年）において、繰り返し主張された（歴史学研究会編二〇〇六：一三頁）。ともかく、ここで平和運動が生まれたと考えてよい。この時期、社会主義的な立場からは、幸徳秋水『廿世紀之怪物　帝国主義』（一九〇一年）が、愛国心を否定し、戦争を否定し、国際連帯の必要性を論じていた（幸徳 二〇〇四、藤原 二〇一四：八六―八七頁）。また、イギリス労働党のノーマン・エンジェルはその著書『大いなる幻影』（一九一〇年）において、戦争は勝者にも経済的に無益であるとする主張をしていた（Angell 2015(1910)）。

しかし、一九一四年、第一次世界大戦は起きてしまった。

II　平和運動と社会主義

大戦への反省

一九一七年のロシア革命の結果生まれた「社会主義国家」は、折からの第一次世界大戦で交戦中のすべての政府と国民に向けて「平和に関する布告」を発し、無併合・無賠償の即時講和を訴え、「秘密外交」を批判し、「民族自決」(この言葉はないが「無併合」に込められていた)を主張した(歴史学研究会編 二〇〇六：五三―五四頁)。それまで外交は政治上の秘密であったが、「秘密外交」をなくし外交を国民のものにすることによって戦争を防ぐことが求められた。また諸民族が自らの運命を決定すべきであるという「民族自決」によって、民族的抑圧や併合をなくし戦争を防止することが求められたのである。アメリカ大統領のウッドロー・ウィルソンはこれを受け入れ、大戦の講和会議に臨むための「一四カ条」に「秘密外交」の廃止、「民族自決」を盛り込み、それに「国際連盟」を付け加えた(歴史学研究会編 二〇〇六：七七―七八頁)。長期戦となった大戦で犠牲になったのは、植民地を含めた諸国の人民であったから、こうした反省は広く受け入れられた。ただし、新生の社会主義国家ソ連は、資本のための戦争をすることは否定し、「一国社会主義」を守る限りで平和を必要としたが、一九一九年に設立された国際共産主義組織(コミンテルン)を通じて絶えず革命の機会を求めていた。

注目しておきたいのは、大戦において最も深刻な犠牲を払うことになるのが女性であるという自覚から、女性の平和運動が大戦後に始まったことである。すでに一九一五年に中立国オランダで開かれていた第一回国際女性会議が、一九年に、チューリッヒでの第二回会議においてその名称を婦人国際平和自由連盟(WILPF)と変更して、積極的な平和活動を始めた。日本ではWILPFと連携して二一年に女性平和協会が設立されて、同年ウィーンで開かれた第三回WILPF会議に参加したのだった。しかし、満州事変の勃発直後、日本の協会は窮地に立たされ、大戦中は非合法化されてしまった(中嶌・杉森編 二〇〇六：六七―七〇、七八―八一頁)。

反ファシズム運動

一九三〇年代には、ファシズムの登場を前に、知識人による反戦運動が組織された。第一次世界大戦を経て反戦の意識を強めていた作家のアンリ・バルビュスとロマン・ロランが日本の満州侵略を世界戦争への危機と捉えて、世界の知識人に呼びかけ、一九三二年に反戦国際会議の第一回大会をアムステルダムで、翌年には第二回大会をパリのプレイエル館で開いた。アムステルダム－プレイエル運動と呼ばれたこの運動は、思想的・政治的違いを超えて、反戦・反ファシズムの一点で連帯しようというものであり、ドイツ・イタリアで国家権力を握り、戦争もいとわないファシズムを阻止するための人民戦線の形成に貢献した。一九三八年以降はソ連の対外政策の変更に伴って、社会主義者の積極的参加が困難となり、活動を衰退させたが、戦後の運動に生かされることになる

(村上他 一九六一:二七—四一頁)。

平和の学へ

第一次世界大戦の反省から、国際政治学、国際関係論といった学問分野が開始された。例えば、E・H・カーは、『危機の二十年』(一九三九年)および『平和の条件』(一九四二年)において、「力(パワー)」が国際関係を決定すると軍事が優先され、危機と戦争を導きやすいが、「道徳(モラリティ)」が国際関係に重視されれば希望が出てくると説いた。それは経済にもあてはまり、「道義」にそった経済建設が「平和」の保障となると主張した。「根本は道義の問題」であるというのだった。大戦への深刻な反省であった。

振り返れば、両大戦間期の平和運動は基本的に知識人の運動で大衆的な運動にはならなかった。

Ⅲ 「核」時代の平和運動

反核運動

第二次世界大戦は原爆という悲劇を経て終結した。この人類に破滅をもたらす核兵器の登場により、東西「冷戦」下の平和運動は転換を余儀なくされた。平和を「人類」全体の問題として考えなければならなくなったのである。平和運動は、しだいに大衆を動員した市民の平和運動となった。

核の時代にあっては、なんとしても平和を守らなければならないという自覚が一層高まり、まずは戦前の知識人たちの運動がより組織的になった。平和に対する社会主義者の考えも変わり、東欧諸国や共産主義者の積極的活動が見られた。一九四八年八月、アインシュタイン、ジョリオ・キュリーなど科学者の呼びかけで、ポーランドにおいて平和擁護のための世界知識人会議が開かれ、「冷戦」下での緊張が戦争にならぬよう警告した。翌年には、第一回世界平和擁護者大会がパリとプラハで開かれ、核兵器の禁止、軍事同盟反対、植民地反対、日独の再軍備反対などを決議した。同時に、平和擁護日本大会も開かれ、軍事同盟反対、講和条約促進などを求めた。アメリカに対抗してソ連も原爆を持つと、一九五〇年三月に世界平和擁護者大会常任委員会は、ストックホルム・アピールを発し、核兵器の使用の無条件禁止などを求めて、五億の署名を集めた。同年一一月にワルシャワで開かれた第二回世界平和擁護者大会は、世界平和評議会を創設した。同評議会は五一年二月に、米英仏中ソに平和協定を結ぶよう求めるベルリン・アピールを発し、五三年六月にはブダペシュト・アピールを発して朝鮮戦争の休戦を促し、同年一二月には、平和共存、話し合い、民族自決・内政不干渉という一九五一年以来掲げている平和三原則を主張して、第一次インドシナ戦争休戦を鼓舞した。アメリカが五四年三月にビキニ水爆実験で被爆事故を起こしたのを受けて、五月には、水爆実験を非難し、ジュネーヴでのインドシナ停戦会議を支援する声明を発表した。そして、五五年一月、評議会は、核戦争準備に反対する約七億の署名を集めたのだった(村上他 一九六一：五三、五六—五七、九〇、一〇三、一一一、一一四頁、畑田 一九五七：一五二—一七〇頁)。

しかし、一九五六年に社会主義の改革を求める動きをソ連が武力で鎮圧したハンガリー事件をきっかけに、平和運動に亀裂が生じた。元来、世界平和評議会の運動は、思想・信条の違いを超えたものとして広まったが、現実にはソ連・東欧の社会主義国が強く支援し、各国でも共産党系の人々が中心となっていた(藤原 二〇一四：九〇頁)。だが、このハンガリー事件に始まり、一九六〇年からの中ソ対立や、六三年の部分的核実験停止条約への対応などをめぐって、社会主義勢力内部の対立が深まり、評議会の運動は衰退していったのである。

広がる女性の平和運動

戦後世界において、女性の平和運動が戦前以上に広がった。あらたに国際民主女性連盟が一九四五年に設立され、女性解放の一環として平和運動にも取り組み、日本からは平塚らいてうらが参加した。またＷＩＬＰＦも、終戦直後には子供への平和教育や、朝鮮戦争反対キャンペインや、反人種主義活動に携わった。戦争中は非合法化されていた日本の女性平和協会も活動を再開し、一九五三年にＷＩＬＰＦに再加盟して、日本の平和憲法擁護の声をＷＩＬＰＦを通じて世界に伝えた。また一九五一年には、平塚らいてうや市川房枝らが再軍備反対婦人委員会を組織して再軍備反対の声をあげた(中嶌・杉森編 二〇〇六：一〇六—一一四頁、Herstory WILPH ホームページ)。

日本での平和運動

戦後の世界において、敗戦国日本の平和運動は独特の展開を見せた。まず一九五一年に結ばれることになる対日講和をめぐって、「全面講和」を求める運動が起きた。アメリカを中心とする諸国との「単独講和」に対し、ソ連、中国、インドなどすべての交戦国と講和する「全面講和」を求める運動は、世界の東西への分断に反対する平和運動でもあった。つぎに戦後日本の各地に置かれた米軍基地に反対する闘争が起きた。米軍の試射場反対の内灘闘争(一九五二年)、米軍基地拡張に反対する砂川土地闘争(一九五五―五七年)、また日本から切り離されていた沖縄での基地のための土地収用に反対する島ぐるみ闘争(一九五六年)が展開された。さらに、被爆国として原爆反対運動が起きた。五四年三月のアメリカによるビキニ水爆実験に際する第五福竜丸の被爆をきっかけに、原水爆禁止を求める運動が始まり、これが全世界に広がった。これは保守派も含む市民の大規模な自発的結集であった。そして五五年には原水爆禁止日本協議会が組織され、八月には広島で、翌年八月には長崎で、第一回と第二回の原水爆禁止世界大会が開かれた。こうした諸運動の積み重ねの上に、六〇年の日米安保改正反対運動が起きたのだった。

だが、世界平和評議会と同じく、六〇年から原水爆禁止運動の内部には、社会主義国の核兵器の評価をめぐる対立が生まれ、六三年にはすべての国の核兵器の禁止を求める原水禁(社会党・総評系)と社会主義国の核兵器を平和のためのものとする原水協(共産党系)とが分裂した。これは運動を困難にしたが、しかし運動は消滅することはなかった(藤原 二〇一四:八九―九〇、九四頁)。

アジア・アフリカ諸国の平和運動

戦後に独立した旧植民地諸国は、独立国家の発展のためにはまずは平和が必要であると考えた。当初はアジアの旧植民地諸国が平和のために動き始め、平和を求める「アジアのナショナリズム」として注目された。それは朝鮮戦争や第一次インドシナ戦争の休戦への原動力となった。一九五四年にジュネーヴでインドのネルー首相と中国の周恩来首相は、領土保全及び主権の尊重、相互不侵略、内政不干渉、平等互恵、平和的共存の「平和五原則」に合意した。一九五五年には、インドのネルー、中国の周恩来、エジプトのナーセル大統領らを中心に「アジア・アフリカ会議(バンドン会議)」が開かれ、国際平和への「十原則」を世界に発信した。これは「平和五原則」に加え、個別的・集団的自衛権の尊重や国際紛争の平和的解決を盛り込んでいた(歴史学研究会編 二〇一二:九七―一〇〇頁)。このような宣言をさらに運動として盛り上げるために、東西両陣営のいずれにも与しない非同盟運動が組織された。アジア・アフリカ諸国は、ユーゴスラヴィアのティトー大統領をも巻き込んで、一九六一年にベオグラードで非同盟諸国会議を開催し、「冷戦」を批判する一大勢力となった(歴史学研究会編 二〇一二:一〇二―一〇三頁)。しかし間もなく、ネルーが非同盟運動から離れたりして、運動はしだいに勢いを失った。

Ⅳ　市民運動と平和——運動の多様化

ベトナム反戦運動

一九六〇年頃には行きづまりを見せていた戦後の各種平和運動ではあるが、六〇年代中頃からは、社会主義を相対化し、政治的立場にとらわれない大衆的な平和運動が盛り上がった。アルジェリア戦争（一九五四—六二年）、キューバ危機（一九六二年）、ベトナム戦争（一九六〇—七五年）などを経て、市民の平和への関心が高まったのである。

その最も重要な運動が、ベトナム反戦運動であった。これは、党派や国籍を問わず広がった。一九六五年二月のアメリカによる北ベトナムへの「北爆」開始後、四月以後に広がったアメリカのベトナム反戦運動には、反戦・平和運動のさまざまな系統がすべて合流した。リベラル、旧左翼、新左翼などが協働し、それに黒人、女性、宗教家が参加した。立場・意見の違いをこえた「統一」「共同」が実現できた。「行動の中で共通点を拡大していこうとするプラグマティックで寛容な精神」が実ったのである。六七年にはベトナム戦争に反対する帰還兵の会ができるほどになった。日本では「北爆」を受けて、六五年四月に「ベトナムに平和を！市民連合（ベ平連）」が小田実や鶴見俊輔ら知識人によって組織され、政党に属さない諸個人の市民運動が反戦活動を展開した。また、社会党や共産党を含む反戦勢力の共闘が実現し、一〇月には労働組合の反戦ストライキが組織された。ベトナム戦争に利用される沖縄を始め国内の米軍基地への批判も高まり、基地内に兵士の反戦組織もできて、市民運動と連携した。ヨーロッパでは、六七年五月には哲学者のバートランド・ラッセルらの呼びかけによる「ベトナム戦犯国際法廷(ラッセル法廷)」が、ベトナム戦争における戦争犯罪を裁くためにスウェーデンで開催された(油井 二〇一九:九七―一〇五、一四四―一四六頁)。六八年にはアメリカ、ヨーロッパ、日本など世界全体で学生運動が盛り上がったが、ベトナム反戦もその一要素であった。このような世界的な反戦運動も寄与して、七三年にはベトナム戦争は終結した。

このベトナム反戦運動は、さまざまな市民層を立ち上がらせ、多様な運動を呼び起こした。その意味で、これまでの平和運動とは違う地平を切り開いたのだった。いくつか見てみよう。

宗教者の平和運動

一つには、宗教者の平和への意識が変化した。一九六二年四月に日本宗教者平和協議会(宗平協)が結成され、宗平協は、「仏教・キリスト教・神道・天理教・新宗教などの宗教者」が、「ともに団結して活動する運動体(協議会)」として、キリスト教の「愛」や仏教の「慈善」に基づく世界平和を目指すとして出発していた。そして、中国などアジア諸国への侵略戦争を深くざんげするとともに、軍備なき平和な世界が実現することを強く念願して、核実験をはじめとする軍備拡張、日米安保条約などの軍事同盟や外国軍事基地の増強、米軍基地の核武装の強化、平和憲法の空文化に反対した。とくに宗教を戦争政策に利用しようとする動きに強い警戒感を表明した。この宗平協は、ベトナム戦争に際しては、ベトナムの宗教者に励ましの声を送り、世界各国の宗教者に連帯を呼び掛けた(日本宗教者平和協議ホームページ)。

そしてベトナム戦争の続くなか、一九六九年には世界の宗派を問わぬ世界宗教者平和会議がトルコで設立された。これは世界のさまざまな宗教が「諸宗教間の対話と相互理解から生まれる叡智を結集し、平和のための宗教協力を行う」ことを目的として掲げた。会議は七〇年に第一回世界大会を京都で開き、以後ほぼ五年ごとに世界大会を開くことになる(Religions for Peace ホームページ)。このほか、軍事費分の税金支払いを拒否した宗教者の大野道夫や石谷行(すすむ)らは、七四年に「良心的軍事費拒否の会」を結成して、独自の平和運動を始めた(良心的軍事費拒否の会編 一九八二)。

具体化する女性の平和運動

二つには、女性の平和運動がこれまでより具体的に広いテーマで活発化した。WILPFはベトナム戦争反対に力を注いだのち、一九六八年には「外国の軍事基地の撤去」や「拒否権なき国連」を求め、七〇年にニューデリーで開かれた総会では、軍備撤廃、植民政策と軍事同盟への反対、ベトナム・カンボジア・ラオス戦争終結、イギリスによる南アフリカへの武器輸出反対、中近東紛争の解決など、具体的な要求を掲げるに至った。七七年にはWILPF第二〇回総会が東京で開催され、軍拡反対、戦争拒否、基地撤去、貧困絶滅と平等、そして軍備撤廃を世界にアピールした。総会では、核軍縮と平和憲法の重要性も強調された(中嶌・杉森編 二〇〇六：一三三―一五七頁、Herstory WILPH ホームページ)。平和の実現のために平和を植民地問題や貧困などと結びつけて考えるようになっていたと言える。

戦争を記録する運動

三つには、市民レベルの平和運動の広がりの中で、一九七〇年には「東京空襲を記録する会(記録する会)」が発足した。これは、東京大空襲と戦災に関する文献や物品を広く収集し、後世に戦争の悲惨さを伝えようというもので、早乙女勝元や松浦総三らの知識人を中心に、美濃部亮吉東京都知事も支援して実現した。このあとすぐに七一年には「空襲・戦災を記録する会全国連絡会議」が組織され、東京だけでなく日本各地の「記録する会」が連携した。この後、さらに多くの地で「記録する会」が組織されていった。これは、戦争と平和を身近なところから考えるものとして、息長く続くことになる(石橋 二〇二一)。

「平和学」の登場

一九六〇―七〇年代には平和運動の多様性を反映して、平和と平和運動の理論も豊かになった。一九五九年にオスロ国際平和研究所を創設して平和学の祖といわれるヨハン・ガルトゥングは、六九年には、平和を定義して、武力紛争など「直接的暴力」を克服することによって達成される「消極的平和」と、社会構造に生じる貧困や差別などの「構造的暴力」を克服することによって達成される「積極的平和」とに分けることができ、とくに後者の平和が重要になってきていると主張した（ガルトゥング 二〇一九：三五頁）。それ以後、世界各国でそういう「積極的平和」の模索が広がった。また、「市民的抵抗」による平和・反戦・反核運動が有効性を持つということが認識され、インドのガンディーの「サティヤーグラハ（真理の力または魂の力）」に示された非暴力行動や、キング牧師の公民権運動での戦い方の再評価が進んだ。デモに限らずさまざまな方法で戦争に向かう動きに抵抗をする道が探られ、その可能性が論じられたのである（ランドル 二〇〇三、チェノウェス 二〇二二、ショイアマン 二〇二二、寺島 二〇一五）。

V 「ポスト冷戦」期の変化

歴史の転換期としての一九八〇年代

一九七五年にベトナム戦争が終わると、八〇年代には各国の平和運動は具体的な目標を失って、混迷期に入った。それは大きな時代の変化にも影響されていた。

第一に、従来の平和勢力の柱が消滅した。中越戦争、ソ連のアフガニスタン侵攻によって、社会主義が平和の勢力ではないという現実が示され、一九八九―九一年には社会主義体制は崩壊していった。また、中印紛争などを経て、「アジアのナショナリズム＝平和」という信仰も崩壊した。第二に、ソ連の衰退とアメリカ「一極化」の下で、一九八〇年代中頃から「新自由主義」が途上国に拡大し、その際「戦争」によって体制転換が図られたが、途上国で起こされた戦争に対し先進国市民の反戦意識は低かった。第三に、情報革命によって平和運動が広がりやすくなった反面、戦争をする側がこれまでの反戦・平和運動から教訓を得て、巧みな情報の操作、世論操作、フェイクニュースによって戦争を正当化したので、平和運動が大きな組織になりにくくなった。第四に、八〇年代中頃から広がった「ポストモダン」の思考方法のもとであらゆる「事実」が疑われ、言語による「構築」が重視されたため、「大きな物語」がすたれ、背景の「事実」を確定しやすいと思われるミクロな物語が支持されるようになり、「大きな物語」を背景とする平和運動はすたれていった。第五に、地球環境という巨大な問題が眼前に現れ、地球の環境にたいして、熱核戦争だけでなく、通常兵器や生物化学兵器もが破壊的な影響を与えることが認識された(環境と開発に関する世界委員会編一九八七：三三四―三五〇頁)が、この大きな問題は、当面平和運動を促進することにはならなかった。むしろそれまで平和運動を担っていた人々が、環境問題に移っていく事態を生み出した。

こうした変化のため、一般的には、それまでの時代に見られたようなマクロな平和運動は、恒常的な組織という形を取りにくくなった。そして運動はアド・ホックなデモ・集会の形を取ることが多くなった。それ以外の平和運動は、情報収集や学習会を旨とするNPO・NGOやフォーラム、あるいは「平和学」のような基礎的な形を取るなど、さまざまな「ミクロ運動」として広がった。

アド・ホックな大衆的平和運動

一九八一年にレーガン米大統領が誕生し、ヨーロッパに中距離核ミサイルを配備する政策を打ち出し、ソ連もそれに対抗すると、一九八一―八三年にアメリカやヨーロッパ各地で数十万規模の核兵器反対の集会やデモが起きた。日本でもこれに呼応した大規模な運動が起きた。その結果、八七年に米ソ間に中距離核戦力全廃条約を実現させることとなった(瀬川 二〇一七)。九一年一月に起きた湾岸戦争に対しては、全世界で反対運動が起きた。アメリカはもちろんヨーロッパ各国で、さらにバングラデシュ、トルコ、エジプト、メキシコ、日本などでストライキ、デモなどが組織され、なかには数十万人の参加したデモもあった(Resistance to the 1991 Gulf War ホームページ)。二〇〇三年二月のイラク戦争に対する反戦デモは、これよりももっと大規模になった。ヨーロッパ各国、アメリカ、カナダのほか、アラブ諸国、アフリカ諸国、ラテンアメリカ諸国、そして日本や韓国、インド、ロシアにおいて大規模なデモや集会が組織された。反イラク戦争運動はベトナム戦争以来の大きな反戦運動を巻き起こした(Protests against the Iraq War ホームページ)。しかし、これらの反戦運動は、アド・ホックな大衆運動で、組織化されたものにはならなかった。戦争をする側からは、比較的容易に「操作」され、すぐに鎮静化させられた。湾岸戦争やイラク戦争では、ベトナム戦争と違って、米政府は取材者数や取材先を制限し、情報を統制したのである(福田 二〇二二)。

新時代の平和運動――核の廃絶へ

新時代の平和運動の一つが、世界のＮＧＯの活動として出現した。一九九五年にオランダで生まれた「アボリッション二〇〇〇――核兵器撤廃地球ネットワーク運動」は、これまでの核兵器の不拡散ではなく、その廃絶を求めるもので、六〇以上のＮＧＯが加わった。これはインターネットを駆使した平和運動の新しい形態であった（岡本・横山編 一九九九：一一〇―一一二頁）。これに続いて、「核兵器廃絶国際キャンペーン（ＩＣＡＮ）」が生まれた。二〇〇七年にオーストラリアで創設されたＩＣＡＮは、各国のＮＧＯからなるもので、核戦争防止国際医師会議（ＩＰＰＮＷ）が母体となり、ＷＩＬＰＦなどが参加し、日本からは平和首長会議が加わった。ＩＣＡＮは各国政府に核兵器廃絶のための政策を求めるロビー活動を展開し、二〇一七年にノーベル平和賞を受賞した（ICAN ホームページ）。これらの運動を背景として国連で核兵器廃絶の動きが具体化した。一九九〇年代末からコスタリカやマレーシアの主導により核兵器廃止の議論が積み上げられてきていたが、二〇一七年に国連で核兵器禁止条約が採択され、核兵器保有国やその同盟国（日本も）を除く多くの国々がこれを批准し、二一年一月に発効したのであった。

重要性を増す反基地運動

大衆的な平和運動ができにくくなった反面、具体的な基地問題、そして女性と宗教者の平和運動がますます重要な意味を持ってきた。

イラク戦争を機に反基地運動が日本に限らず世界的に広がったことが注目される。一九六〇年代から始まっていたトルコの反基地運動が、イラク戦争で国民的な広がりをみせて高まった。イタリアでもイラク戦争を機に反基地運動が盛り上がった。ドイツでは、基地反対ではなく基地の環境汚染に対する対応を求める運動が拡大した（川名編 二〇二一：四九―五五、二五九―二六〇頁）。東アジアでは、一九九二年にフィリピンが米軍基地を撤去させた（猿田編 二〇二二：五二―五六頁）。こういう情勢下で、沖縄の米軍基地の問題が、九五年から普天間基地移動・辺野古移設問題として新たに立ち上がり、辺野古移設反対運動は二一世紀の重要な平和運動になってきた。

「積極的平和」を目指す女性の反戦運動

この時期、女性の反戦運動は新たに「積極的平和」のための歩みを進めた。ＷＩＬＰＦは、レーガンのヨーロッパ核ミサイル戦略に反対の署名を行い、一九八三年三月にブリュッセルで大衆集会を開催した。そして八〇年代以降、飢餓、人権、グローバリゼーション、持続可能な開発、インディオ女性などをテーマに、平和を広くとらえた活動を展開するようになった。九二年には世界平和女性連合（ＷＦＷＰ）というＮＧＯもでき、国連でも認定されて、平和文化の構築のための活動を繰り広げた（世界平和女性連合ホームページ）。そして、二〇〇〇年には、平和政策への女性の関与を求めた「女性、平和、安全保障」に関する国連安保理決議一三二五号を勝ち取った。上述のＩＣＡＮにも参加して重要な役割を演じている（中嶌・杉森編 二〇〇六：一六一―一七四頁、Herstory WILPH ホームページ）。

拡大する世界の宗教者平和運動

宗教者の平和運動も重要さを増した。日本宗教者平和協議会は、政教分離の原則のもとに、核兵器の廃絶、軍事基地・軍事条約の廃止、憲法擁護、人権・環境の保護を訴える活動を着実に続けてきている(日本宗教者平和協議会ホームページ)。世界宗教者平和会議は、一九七〇年に第一回世界大会を京都で開いた後、ヨーロッパ、アフリカ、京都(二〇〇六年)で世界大会を開いてきている。この間、八四年には「ナイロビ宣言」を発し、宗教者が平和に貢献できなかったことを反省し、あらたに会議の精神を確認し合った(Religions for Peace ホームページ、ナイロビ宣言)。七六年には、世界宗教者平和会議を母体としてアジア宗教者平和会議(ＡＣＲＰ)が組織され、第一回会議がシンガポールで開かれた。以後、アジア各地で会議が開かれてきている(アジア宗教者平和会議ホームページ)。宗教者の運動も「積極的平和」を目指す面が出てきているといえる。

途上国の地域的連帯

「冷戦」のもとで意味を持っていた非同盟・中立の運動に代わって、途上国相互の地域的連帯が模索されるようになった。前述のアジア宗教者平和会議はそういう地域的協力の動きの一つである。一九六〇年代から積み重ねられてきた地域的な規模での非核地帯化の動きは、九〇年代にも継続した(大門 二〇二三：五六—五七頁)。そしてさらにＡＳＥＡＮ(東南アジア諸国連合)、ＡＵ(アフリカ連合)、IBSA(インド、ブラジル、南アフリカ)首脳会議、AMU(アラブ・マグレブ連合)、リオ・グループ、CELAC(ラテンアメリカ・カリブ諸国共同体)などが、地域間の相互協力と紛争の平和的解決に一定の役割を果たそうとするようになった。

Ⅵ　ミクロ化する日本の平和運動

一九八〇年代からの変化

日本に焦点を絞ってみると、戦後一九六〇年代まで世界の平和運動をリードするほどに盛んであった日本の平和運動は、八〇年代に入ってマクロな運動が停滞気味で、次第にミクロな運動が拡がってきている。これは地道な、自分の周りの関心を基礎にした運動になっているとみることもできる。全国レベルの既存の運動が形骸化の様相を強めたのに対し、実質的に意味のある社会運動の場が「ナショナル」から「ローカル」に移ったともいわれる(藤原 二〇一四:九五頁)。具体的な動きをあげてみよう。

「九条の会」

湾岸戦争を機に、一九九一年にアメリカで創設された「第九条の会」は、すぐに日本でも呼びかけが行われ、二〇〇四年には作家の井上ひさし、小田実、大江健三郎ら九人の呼びかけによって、

「九条の会」がつくられた。その後、芸術、科学、スポーツ、宗教、医療など各分野、また各地域でさまざまな「九条の会」が組織された(九条の会オフィシャルサイト)。これは憲法第九条の意義を身近なところから見直し、広く発信しようという運動である。

「記録し語る」運動

一九七一年にできていた「空襲・戦災を記録する会全国連絡会議」は各地に「記録する会」を生み出してきた。参加者の老齢化にもかかわらず、二〇二二年には「空襲・戦災を記録する会」と改称して、活動を続けている。これに並行して、各地で「戦争体験を語る・被ばく体験を語る」活動も続けられている(空襲・戦災を記録する会ホームページ)。これも身近な戦災、被爆の体験を通して平和の意味を見つめ直していこうという取り組みである。

地域での平和運動

一九八〇年代以降の平和運動は各地域において地道に取り組まれている。広島、長崎の反核兵器・平和運動と沖縄における反基地闘争がその中心である。だがこのほかの地域での地道な取り組みも見逃せない。例えば、北海道では、「アイヌモシリから平和を」という意識のもとに独自の取り組みが見られる。アイヌの人々は、戦争に際しては過酷な動員を受け、また差別など「構造的暴力」を受けてきた。こういうアイヌ民族を念頭にした平和運動が北海道で展開しており、「北海道平和運動フォーラム」などいくつもの会が動いている（越田編 二〇一二）。このほか多くの地方自治体が、地域の特性を生かして、平和への重要な取り組みをしている。

若者が担う平和

しかし、どの場合も運動の担い手の老齢化という問題を抱えている。では、若い世代では反戦・平和の運動は途絶えているのだろうか。実は、核兵器・核戦争について若い世代の危機意識が芽生えている。長崎では、市民の平和運動離れという状況の中で、一九九八年より「高校生平和大使」の派遣が始まり、その中からは「高校生一万人署名活動」が出現していた。これは長崎の平和運動に画期的な変容をもたらしたといわれる（市民が創る平和運動ホームページ）。広島では、「核政策を知りたい広島若者有権者の会（カクワカ広島）」が二〇一九年一月に設立された。これは「主に広島に住む、高校生や大学生、会社員、カフェ店員たちが、核兵器のない世界の実現を願って緩やかにつながるグループ」である（カクワカ広島ホームページ）。沖縄では、二〇二二年に沖縄を含む五カ国七地域の大学生が参加する「『平和への思い（ウムイ）』発信・交流・継承事業」（沖縄県平和祈念資料館主催）が始められ、沖縄、広島、長崎だけでなくアジア諸国の若者たちが戦争体験を継承し、平和の意識を共有しあうシンポジウムなどを企画している（『平和への思い』発信・交流・継承事業ホームページ）。

若者の活動は広島、長崎、沖縄に限られてはいない。例えば、二〇一六年には名古屋で高校生が特別企画「高校生が描くヒロシマと丸木位里・俊「原爆の図」」を開き、二〇二二年には東京で高校生が「原爆の図展」を開催した。主催した港区の高校生は、同世代が何も知らないことに驚き、だから知らせようと思って展覧会を組織したと語っていた（戦争と平和の資料館ピースあいちホームページ、『朝日新聞』デジタル、二〇二二年七月二〇日）。このような若い世代の平和活動はまだまだあると思われる。

平和教育と平和学

日本では小中学校・高校における平和教育は戦争直後から始められてきた。一九六〇年代までは広島・長崎（そして沖縄）を中心としていたが、七〇年代に入って全国的に平和教育が拡がった。八〇年代前半にアジア諸国からの批判を受けて「教科書問題」が起きると、具体的な素材を使った平和教育が促進された。また「積極的平和」の考えも教育に取り入れられた。しかし、一九九七年にできた「新しい歴史教科書をつくる会」などによって「自虐史観」への批判が始まると、平和教育への政治的介入が顕著になり、二一世紀になって平和教育は難しさを増している。だが、七〇年代から世界的に「平和学」というジャンルができてきて、日本では九〇年代に入って、「平和学」という分野が大学教育に登場し、平和教育の理論的な基礎を提供するようになった。そして静かな平和運動の一部をなしている（岡本 一九九九、岡本・横山編 一九九九、安斎・池尾編 二〇〇七）。なお、運動とは言えないが、文学、児童文学、絵本、音楽、映画などにおいて静かな反戦意識の伝達が続けられていることも指摘しておきたい。

日本の平和運動の可能性と限界

このように、マクロな運動に代わって、住民レベルの多様な平和運動が存在意義を増している。こういうミクロ運動が大きな政治を動かす力になれていないことは事実である。ただ、住民の小さな運動は見えづらくなっているだけである。われわれの身の回りを見渡せば必ず何かの平和運動に出会える状況になっているともいえる。

しかし、いずれの平和運動も、一九八〇年代以降アジア諸国から寄せられた日本の戦争責任論との関係で、運動が容易ではない状況に直面している(吹浦 二〇〇四:二九〇頁)。平和運動を担う側でも、日本の戦争責任を誠実にふまえた上でないと、諸外国の国民に訴えるような運動には発展しないのである。それはアジア諸国の歴史意識が高まり、日本との過去の関係を厳しく評価するようになったからである。

身近な問題から考えてみる

世界の中での平和運動をふり返ると、平和運動は、はじめは知識人の運動として、ついで社会主義者を中心とする組織の運動として、そして、政党や思想にとらわれない市民の運動として発展してきた。一九八〇年代以降は、マクロな運動としての平和運動は下火になったが、平和運動は、NGOや途上国、あるいは女性や宗教者によって担われ、日本では、身近な場で地道に続けられるミクロな運動になって、若者の運動が芽生えている。平和運動は、各国の相互理解を深めて深刻な摩擦を取り除いたり、各国の外交に影響を与えたり、休戦を促したり、各国の武力的志向にチェックを掛けたりする一定の役割を持っている。

しかし、国家が国民のものになり、共和政になり、外交も制度上秘密ではなくなり、平和運動が発展してきても、戦争はなくなっていない。二〇二二年二月に始まったロシアの侵攻によるウクライナ戦争のように、平和運動が直接的に武力行使を阻止するということはなかった。

それでも、戦争をする権力者はつねに国民にどう説明するか、どういう情報を提供するかを考えざるを得なくなっている。世界がこれまでになく連動している現代において、戦争はどこで起きても世界各地に影響を与える。逆にどこで戦争を批判する動きが起きてもそれは世界的に意味を持つのである。今日、大きな平和運動は見られなくなっているが、人々は各自が自分の足元でたしかな運動を積み上げている。身近な小さな運動に積極的に参加すること、それを積み上げることが平和につながるということを、歴史は教えているのではないだろうか。

〔参考文献一覧〕

安斎育郎・池尾靖志編（二〇〇七）『日本から発信する平和学』法律文化社
石橋星志（二〇二一）「「東京空襲を記録する会」の成り立ちと活動――『東京大空襲・戦災誌』編集を中心に」大阪経済法科大学アジア太平洋研究センター年報

遠藤乾編（二〇〇八）『原典 ヨーロッパ統合史――史料と解説』名古屋大学出版会
岡本三夫（一九九九）『平和学――その軌跡と展開』法律文化社
岡本三夫・横山正樹編（一九九九）『平和学の現在』法律文化社
大門正克（二〇二三）『世界の片隅で日本国憲法をたぐりよせる』岩波ブックレット
ガルトゥング、ヨハン（一九八九）『平和への新思考』高柳先男・塩屋保訳、勁草書房
――（二〇一九）『ガルトゥング平和学の基礎』藤田明史編訳、法律文化社
川名晋史編（二〇二一）『基地問題の国際比較――「沖縄」の相対化』明石書店
環境と開発に関する世界委員会編（一九八七）『地球の未来を守るために』福武書店
カント、イマヌエル（二〇一五）『永遠平和のために』池内紀訳、集英社
クラウゼヴィッツ（一九六八）『戦争論（上・中・下）』篠田英雄訳、岩波文庫
幸徳秋水、山泉進校注（二〇〇四）『帝国主義』岩波文庫
越田清和編（二〇一二）『アイヌモシリと平和――〈北海道を平和学する！〉』法律文化社
猿田佐世編著（二〇二一）『米中の狭間を生き抜く――対米従属に縛られないフィリピンの安全保障とは』かもがわ出版
ショイアマン、ウイリアム・E（二〇二二）『市民的不服従』森達也監訳、人文書院
高柳彰夫・アレキサンダー、ロニー編（二〇〇四）『私たちの平和をつくる――環境・開発・人権・ジェンダー』法律文化社
チェノウェス、エリカ（二〇二二）『市民的抵抗――非暴力が社会を変える』小林綾子訳、白水社
寺島俊穂（二〇一五）『戦争をなくすための平和学』法律文化社

富岡幸一郎（二〇〇四）『非戦論』ＮＴＴ出版

中江兆民（一九六五）『三酔人経綸問答』桑原武夫・島田虔次訳、岩波文庫

中嶌邦・杉森長子編（二〇〇六）『20世紀における女性の平和運動——婦人国際平和自由連盟と日本の女性』ドメス出版

畑田重夫（一九五七）「戦後平和運動の発展」『国際政治』一九五七年一月号

林茂・西田永寿編（一九六一）『平民新聞論説集』岩波文庫

吹浦忠正（二〇〇四）『「平和」の歴史——人類はどう築き、どう壊してきたか』光文社新書

藤原修（二〇一四）「日本の平和運動——思想・構造・機能」『国際政治』第一七五号

村上公敏・木戸蓊・柳沢英二郎（一九六一）『世界平和運動史』三一書房

油井大三郎（二〇一九）『平和を我らに——越境するベトナム反戦の声』岩波書店

ランドル、マイケル（二〇〇三）『市民的抵抗——非暴力行動の歴史・理論・展望』石谷行・田口江司・寺島俊穂訳、新教出版社

良心的軍事費拒否の会編（一九八二）『憲法違反の税は払えません——良心的軍事費拒否のハンドブック』三一書房

歴史学研究会編（二〇〇六）『世界史史料10　二〇世紀の世界Ⅰ——ふたつの世界大戦』岩波書店

歴史学研究会編（二〇一二）『世界史史料11　二〇世紀の世界Ⅱ——第二次世界大戦後　冷戦と開発』岩波書店

Angell, Norman (2015(1910)), *The Great Illusion*, Forgotten Books.

インターネット文献

瀬川高央（二〇一七）「欧州平和運動に関する米国のインテリジェンス分析——国務省、ＡＣＤＡ、ＣＩＡによる評価を中心に」『年報　公共政策学』一一号(https://eprints.lib.hokudai.ac.jp/dspace/bitstream/2115/65708/1/APPS11_09.pdf).

福田充（二〇二二）「戦争に対峙する日本のジャーナリズム」『調査情報』二〇二二年一二月五日(https://tbs-mri.com/n/n67cc524f6490).

参照ＵＲＬ

アジア宗教者平和会議(https://rfpasia-tokyo.org/history/).

カクワカ広島(https://kakuwakahiroshima.jimdofree.com/).

空襲・戦災を記録する会(http://kushusensai.net/).

九条の会オフィシャルサイト(http://www.9-jo.jp/).

市民が創る平和運動(https://www.jichiro.gr.jp/jichiken_kako/report/rep_tokushima29/jichiken/4/4_1_02.htm).

世界平和女性連合(https://wfwp.jp/).

戦争と平和の資料館ピースあいち(https://peace-aichi.com/).

ナイロビ宣言(https://www.wcrp.or.jp/pdf/about/assembly/4th-World-Assembly-JP.pdf).

日本宗教者平和協議(http://n-syuhei.com/message/history.html).

『平和への思い(ウムイ)』発信・交流・継承事業(http://www.peace-museum.okinawa.jp/umui/).

ICAN(https://www.icanw.org/).

Herstory WILPH(https://www.wilpf.org/who-we-are/our-herstory/).

Protests against the Iraq War(https://en.wikipedia.org/wiki/Protests_against_the_Iraq_War).

Religions for Peace(https://www.rfp.org/).

Resistance to the 1991 Gulf War(https://files.libcom.org/files/Resistance%20to%20the%201991%20Gulf%20War2.pdf).

コラム 2

武力で平和は守れない

藤田 進

二〇二二年二月に勃発したウクライナ戦争の長期化と共に、日本を含め世界の多くの国は「安全保障」を唱えて急速に軍事力増強へと動いてきている。だがそこでは、戦争批判や戦争回避策の議論を押しのけて、「安全保障」のためなら地域住民をないがしろにする軍事力の増強や行使はあたりまえという、戦争を操る側の論理がまかり通っている。

そうした現実はここ三〇年だけでも、大国の介入が引き起こしたアフガニスタン戦争、湾岸戦争、「対テロ戦争」を名目に再燃したアフガニスタン戦争、イラク戦争等々の戦禍のなかで中東の民衆が体験してきたことである。戦場に置かれた民衆自身が、生存というぎりぎりの問題として戦争を考えざるを得ない事態をまえにして、戦争をどのように捉えているのか。二二年前の衆議院特別委員会で、アフガニスタンで活動するペシャワール会代表の中村哲医師が「武力で平和は守れない」と訴えたときの議論は示唆的である。

特別委員会での発言

二〇〇一年九月一一日のニューヨーク・ワシントン同時多発テロ後の一〇月七日に、米軍のアフガニスタンへの報復爆撃がはじまったなかで、一〇月一三日、日本では衆議院において「国際テロリズムの防止及び我が国の協力支援活動等に関する特別委員会」が開かれた。そこにアフガニスタン難民支援活動に取り組むペシャワール会代表で、現地の「ペシャワール会医療サービス（ＰＭＳ）」責任者でもある中村哲医師が参考人のひとりとして招聘され、アフガニスタン国民の窮状とＰＭＳの活動の概要について語った。

中村医師によると、ペシャワール会は一九八三年発足以来、パキスタン北西辺境州のペシャワールを拠点に、アフガニスタン山村部と難民キャンプに暮らすアフガン人貧民層を対象に診療とハンセン病根絶を主要な取り組みとして活動しており、現在はペシャワールにあるＰＭＳ病院と山村部にある一〇カ所の診療所を診療活動の拠点にしている。ＰＭＳは診療活動に加えて、二〇〇〇年以降大干ばつによる砂漠化が引き起こした脱水と飢餓による死の危険を回避すべく、水源確保のための井戸掘り活動を開始し、さらに〇一年二月の国連「アフガニスタン制裁」決議で外国の難民支援団体が退去した後、干ばつを逃れて殺到した国内避難民の大群で埋め尽くされた首都カブールで、飢餓難民向けの井戸掘りと診察活動にも着手していた。

その中村医師は、戦場の状況をこう説明した。

アフガニスタンは一九七九年一二月以来の旧ソ連軍侵攻、さらにその後の内戦とで通算二二年にわたる戦禍のなかにある。死者は内戦だけで戦闘員・民間人あわせて二〇〇万人をかぞえ、戦争により六〇〇万人の難民が出現している。そこに二〇〇一年一〇月から米軍の報復爆撃が加わっている。さらに加えて、干ばつによる飢餓の恐れが高まっている。

そのような状況の中で、アフガニスタン難民支援活動を多様化させていくＰＭＳと、その母体組織のペシャワール会の取り組み姿勢について次のように述べた。

「難民を出さない努力というのをまずやらなくちゃいけないというのが、現地における私たちとしてはぜひ訴えたいことでございます。（中略）難民が出たらこうしよう、ああしようと言っているけれども、実際のいわゆる我々が想像するような難民は今のところ発生しておりません。私たちが全力を挙げて取り組むのは、少なくとも、けがをして逃げてくる人たちは別として、飢餓による難民は一人もペシャワールに出さないという決意で全力を挙げて現在の仕事をやっていくつもりでございます」（第一五三回国会衆議院特別委員会発言）。

まずは飢餓による難民は出さないという姿勢を重視している。

民衆レベルの交流

右の発言が示すように、ＰＭＳは物資援助にとどまる国際機関の難民支援策とは異なり、診療・飢餓対策・水飢饉対策の多角的取り組みを通じて、難民をアフガニスタンから押し出す代わりに、廃村や砂漠化した土地を復旧してそこに人びとを戻すことによって、脱難民化をめざすという意欲的な難民支援策に立っていた。そのような企画を打ち出すＰＭＳとその活動母体のペシャワール会は、中村医師のアフガン難民支援活動に共感した医師、技術者、ボランティア活動家などさまざまな地域活動に取り組んでいる市民たちが、それぞれの特技をいかして中村医師の活動を支援するために結集し、人々の浄財を唯一の財源とする独立独歩の市民組織である。

その際、ＰＭＳは膨大な数の難民を対象とする脱難民化の取り組みを、アフガン住民と共同ですすめながら、同時に彼ら自身の自立化を促進することをめざしている。上からの「支援」なのではない。そして、その取り組みに際しては住民の信頼と協力を得るために、「我々の目から見ていかに不合理なことがあっても、その土地のしきたりであればそれに従わねばならない。（中略）「イスラム」でしか自分の考えや思いを表現できぬ住民の立場を汲むべきである」（中村 一九八九：一九五頁）という方針を掲げていた。

中村医師は、一九八九年、米・ソが介入した戦争が終わり、ソ連軍完全撤退後のアフガン山間部に大挙して戻ってきた難民を、しばしば彼らのところに泊めてもらいながら診療するなかで、人々の信頼を得ていった（中村 一九九二：一九〇頁）。

そのようにして多くのアフガン難民の信頼を獲得した中村医師は、難民支援活動に協力する住民と生きたやり取りをしている。山岳地帯の診療に向かう車のドライバー職員としてＰＭＳには欠かせない元ゲリラのムーサーと中村医師は、次のような話をした。

「〔ムーサー〕戦争は戦争でさ。自分も好きこのんでやった訳じゃありませんや。でも、あの頃はみんな純真だった。俺たちは自分で自分の村を守るだけでした。今の党派はムジャヘディン（聖戦士）じゃありませんぜ。しこたま金をアングレーズ（米英）から貰ってるビジネスマンなんだ。イスラム教徒のかざかみにも置けませんや。」

「〔中村〕俺はイスラム教徒ではないぞ。アングレーズと同じカーフィル（異教徒）だぞ。」

「〔ムーサー〕ドクターは別だ。もう同郷人ですぞ。本当のイスラム教徒かどうか決めるのは神様の仕事でさ。（中略）油成金（アラブ）もアングレーズも、神様が見て怒りますぜ。」（中村 一九八九：二四二頁）

また、ムーサーと中村医師は初めて会ったころ、次のようなやり取りをしていた。

「アフガニスタンの再建こそ我々のジハード（聖戦）だ。スピン・スパイ（＝白犬、欧米人をアフガン人は陰でそう呼ぶ）に荒らされた恨みを建設にふりむけよう。平和と建設を、戦争以上の努力で実行しよう」という、ＪＡＭＳ〔ペシャワール会〕の方針がムーサーの心を捕らえていた。

「日本が何かプロジェクトを起こすのですか。」

「勘違いしてもらっては困る。日本が何かをするのではない。するのは君たちであり、我々だ。おまえたちが力を尽くすから、手を貸すと言うだけだ。」

（中略）

「ロシアが去っても、この混乱をどう収拾しろというのですか。みなバラバラです。」

「そんなことはない。バラバラなのは金と欲で頭のいかれた奴らだけだ。現に異教徒の私でさえ君たちの仲間ではないか。みな争いに疲れている。（中略）銃で立つものは銃で倒される。我々をつなぐのはそんなものではない。」

（中村　一九九三：六七―六八頁）

中村医師は、アフガン民衆のためにタリバーンと共同で水源を確保して、住民の水飢饉を緩和させる取り組みをしていた。一例にトルハムの場合を見よう。

アフガニスタンから干ばつの危機を逃れて、水を求めてパキスタンに脱出しようとする避難民が集まってくる国境の町、トルハムには水源がなかった。多数の避難民の流入を阻止するパキスタン側は、国境を容易に開かず、トルハムにあふれかえった避難民たちは酷暑の中で脱水症状による命の危険を抱え、水源がない町自体も渇水の危機に陥った。そうした中で、トルハム地区を支配するタリバーン政府の開発局長が、各地で井戸掘り作業をしているPMS事務所を自ら訪れて中村医師にあいさつし、「酷暑の中で国境を通過する者たちが冷たい水を飲める」ことをめざしてトルハムにおける水源二カ所を確保する工事を請け負ってくれるようPMSに要請した。PMSが水源確保工事に専念し、タリバーン側が工事の警備、ボーリング業者の不正摘発から完成後の配水など一切の責任を負うことで工事に取り掛かることが合意され、二〇〇一年六月七日、トルハムで工事着工の鍬入れ式が行われた(中村 二〇〇一:二一四―二二二頁)。

このような民衆レベルでの交流をしていた中村医師は、衆議院特別委員会である議員が、タリバーン政権は女性の人権に抑圧的ではないかと尋ねたとき、次のように答えた。ブルカ着用は、女性を外部の男性から隔離することを義務付けたイスラムの教えに沿ったパシュトゥン伝統社会の慣習であり、そのルールのもとで女性が普通に暮らしている農村地帯に誕生した、いわば「田舎者」のタリバーン政権は、女性一般にもブルカ着用を定めている。そのうえでなによりも、タリバーン政権が軍閥の跋扈するなかで横行していた暴力犯罪を抑えこみ、民衆に平穏な生活をもたらしたことを重視すべきと強調した。

民衆レベルではタリバーンはこういう存在だったのである。こういうタリバーンを「テロ組織」と規定しなければ戦争はできなかった。

武力ではテロはなくせず、平和も得られない

衆議院特別委員会の最中もアフガニスタン攻撃は続いており、「ほっておいたら絶対テロはやまない」として、アルカーイダとタリバーンを標的とした米軍の攻撃を支援する自衛隊派遣の重要性を強調する議員にたいして、中村医師は次のように応じた。

「私は、テロを封じる武力的な手段を否定しているわけではありませんで、テロの発生する土壌、根っこの背景からなくしていかないと、これは、ただ、たたけたたけというげんこつだけではテロはなくならないということを言っているわけです。本当に人の気持ちを変えるというのは、決して、先ほども申したように、武力ではない」(特別委員会発言)。

また、委員会冒頭では次のように述べた。

「自衛隊派遣が今取りざたされておるようでありますが、(中略)当地の事情を考えますと有害無益でございます」「私たちが十数年間かけて営々と築いてきた日本に対する信頼感が、現実を基盤にしないディスカッションによって、軍事的プレゼンスによって一挙に崩れ去るということはあり得るわけでございます」

まず、「テロ」が起きてしまえばそれに対する武力は必要かもしれないが、そもそも「テロ」が起きる土壌を直していかねば平和は得られないと言っている。そのためには、自衛隊派遣は意味がないというのである。つぎに、国民同士の信頼関係が平和にとって重要なのであり、それを現地の実情を踏まえない議論に基づく、軍事力の行使によって破壊することが平和をおびやかすのだと指摘した。

中村医師は議員席からヤジを浴びながらこのように発言し、議場を去った。それから間もなくして小泉純一郎首相のもと、「テロ対策」と銘打った「有事関連三法」が国会で成立し、自衛隊はアフガニスタンにミサイル攻撃を加える米戦艦への燃料補給のため、中東へ派遣された。

PMS(平和医療団・日本、二〇一〇年改称)はアフガニスタン戦争中も一貫して砂漠と廃村を緑野に変える「緑の大地計画」に取り組んで大きな成果を上げてきていたが、二〇一九年一二月、大黒柱である中村医師が突如テロの凶弾に倒れて活動は危機的事態に陥った。さらにタリバーン政権復活による国内の混乱と経済封鎖により一時活動停止状態に陥った。しかしペシャワール会報によれば、ＰＭＳは復活したタリバーン政権の支援をえて、二一年九月以降活動を再開させている。
ロシアのウクライナ侵攻を機に「平和維持のため」と称して各国が軍事力強化に舵を切る現在、武力によっては、その日を生きる人びとにとっての平和は決して得られないことを実証した中村医師とＰＭＳの活動の記録を私たちは深く、深く心に留めるべきである。

［参考文献一覧］

第一五三回国会衆議院「国際テロリズムの防止及び我が国の協力支援活動等に関する特別委員会」第五号　平成一三(二〇〇一)年一〇月一三日

ペシャワール会報一五〇号(二〇二二年一二月八日発行)

中村哲(一九八九)『ペシャワールにて――癩そしてアフガン難民』石風社

――(一九九二)『ペシャワールにて――癩そしてアフガン難民(増補版)』石風社

――(一九九三)『ダラエ・ヌールへの道――アフガン難民とともに』石風社

――(二〇〇一)『医者井戸を掘る――アフガン旱魃との闘い』石風社

――(二〇〇五)『アフガニスタンの診療所から』ちくま文庫

第Ⅲ部　日本をめぐる戦争と平和

近代以降、現在に至るまで日本をめぐる戦争と平和を左右してきたのは、東アジア情勢の変動である。欧米諸国のアジア進出や中国情勢の変化に対応するために、日本はその時々の軍事大国に接近したり、軍事同盟を結んだりしてきた。戦前の日英同盟、日独伊防共協定から三国同盟、戦後の日米同盟は、日本の進路を強く規定してきた。

私たちは、今日、日本がこの一五〇年以上、経験してこなかった、中国の超大国化という事態に直面している。ウクライナ戦争に触発されて「台湾有事」＝日本有事などの言説が流布し、日本は軍備拡張に大きく舵を切ろうとしている。

こうした時にあたって、過去の軍事同盟の歴史を振り返りつつ、現在、私たちが直面しているいくつもの「危機」を冷静に観察し、アメリカとの軍事同盟だけに頼らない、アジアにおける多角的な、かつ軍事に偏重しない安全保障の選択肢を考えてみたい。

第7章 日本の戦争から考える——軍事同盟と〈戦争放棄〉

山田 朗

「脱亜入欧」と軍事同盟

明治維新からアジア太平洋戦争敗戦までの近代日本の歴史は、対外戦争・海外派兵の連続であった。度重なる戦争と派兵は、天皇の統帥権の発動のもとに、「脱亜入欧」(欧米式のパワーポリティクスの価値観に基づきアジアを進出の対象と見る)と軍事同盟(秘密外交を前提とした共通の仮想敵国への軍事的対処の体制。日英同盟・日独伊防共協定・三国同盟)に基づく政治的膨張主義戦略によって遂行された。

アジア太平洋戦争敗戦後から今日までの現代日本の歴史においては、日本が他国(アメリカ)が行なう戦争に加担することはあったものの、日本が主体となって戦争という手段に訴えたことはなかった。だが、現代日本も国家戦略としては「脱亜入欧」(アメリカ式大量生産・大量消費の価値観に基づきアジアを進出市場と見る)と軍事同盟(アメリカに従属した軍事協力体制。日米同盟)、そして経済的膨張主義という路線をとっている。

戦前・戦後の日本は、政治と経済の重点の違いこそあっても、枠組みとしては似通った戦略をとりながらも、結果が大きく異なることになったのは、戦後日本が〈戦争放棄〉を国是としたからである。

ここでは、戦前・戦後をつらぬく「脱亜入欧」と軍事同盟（戦前においてはさらに政治的膨張主義）を軸にして近代日本の戦争と現代日本の戦争準備について考察した上で、〈戦争放棄〉（武力による威嚇と武力行使の放棄も含む）を定めた憲法九条の役割についてまとめたい。

Ⅰ 「脱亜入欧」・軍事同盟路線の成立

「脅威」の創出——近代日本の膨張主義の出発点

日本が幕末・維新期をむかえた時期のアジアは、欧米列強による植民地化と勢力圏拡張のための侵略の波にさらされているように見えた。その危機に対処するために、明治政府が急いだのは近代的軍隊の建設であった。だが、今日から客観的に見れば、一八六〇—七〇年代という時代は、アメリカが南北戦争という苛烈な内戦で疲弊し、欧州諸国がインド・中国における民衆反乱とバルカン半島をめぐるイギリスとロシアの衝突（クリミア戦争から露土戦争にいたる）の処理に忙殺されていた時期で、欧米列強は、日本を本格的に侵略する余力を持たなかった。

しかし、そのような事情を把握できない当時の日本政府は、ロシアを日本にとっての最大の「脅威」と位置づけ、ロシアが朝鮮半島に進出する前に、日本が同地域に出ていく「朝鮮半島先取論」の立場をとり、七〇年代にはそのための外向き軍隊の建設へと進んだ。近代初頭における日本でのロシア脅威論は、幕末の北方脅威論や維新政府に対するイギリス(ロシアと対立する)の影響力もあって実態以上に増幅されていた。

ロシア脅威論に基づく日本の防衛戦略は、八〇年代には「脱亜入欧」の価値観とも結びつき、旧来の中国中心の東アジア秩序(中華帝国システム)の破壊へ、具体的には朝鮮を清国の影響下から離脱させようとする方向に進んでいく。これは、九〇年代になると、日本の「主権線」を防衛するためには、「利益線」としての朝鮮半島を確保するという明確な戦略となっていく。つまり、「脱亜入欧」の価値観と「主権線・利益線」という戦略発想が融合して、ロシア脅威論は、防衛論から膨張論に転化したのである。

日本人のアジア観を決定した日清戦争

ロシア脅威論に基づいて朝鮮半島に進出した日本ではあったが、最初に衝突したのはロシアではなく、伝統的に朝鮮半島に影響力を行使してきた中国(清国)であった。日清戦争(一八九四―九五年)は、日本軍による漢城(現ソウル)の朝鮮王宮(景福宮)占領から始まった。朝鮮王朝・政府と中国との連絡を遮断した上で、日本軍は清国軍と戦闘を始めたのである。日本国内では、日清戦争は、「文野の戦い」すなわち、文明と野蛮の戦いとして喧伝された。西洋文明を受け入れた「文明国」

日本と、それを拒む「野蛮国」清国という図式である。政府や福澤諭吉ら文化人による中国蔑視言説の拡大は、それまでの日本人の文明観(文明の中心は中国という考え方)、アジア観を大きく転換させた。

日清戦争にあたって日本側は、陸奥宗光(外務大臣)と川上操六(参謀本部次長)が中心となって先制・主動(先手をとって常に相手を受け身に回らせる)の態勢をとった。すでに日本陸軍は、一八八〇年代半ばから、鎮台を師団に、すなわち地域防衛を主たる任務とする治安維持軍事力としての鎮台を、治安維持だけでなく遠方に出征できる機能を持つ師団に改編するなど、大陸での機動戦に向けてドイツ式兵学を受容して兵制改革を進めていた。また、開戦にあたっても、大本営設置、景福宮占領、清国兵輸送船撃沈(豊島沖海戦)と先手をとった。日本側の当初の戦争目的は、朝鮮半島からの清国の影響力排除にあったが、清国本土(遼東半島)の占領へとエスカレートした。戦後におけるロシア・フランス・ドイツによる「三国干渉」によって、遼東半島の領有こそ成らなかったが、講和後に実施された台湾征服戦争によって日本は欧米列強の如く植民地領有国家となった。

日本では日清戦争は明らかに「成功事例」とみなされた。中国の影響力を朝鮮半島から排除するとともに植民地(台湾・澎湖諸島)を領有し、戦勝によって巨額の賠償金(遼東半島還付でさらに増額)を獲得した。また、豊島沖海戦(英国籍船の撃沈)の処理をめぐってむしろイギリスへ接近したことは、日本の国家指導層に「脱亜入欧」と膨張主義路線の「成功」と捉えられた。

軍事同盟の光と影――「大国」の一員に加わった日露戦争

日清戦争によって朝鮮半島から中国の影響力を排除したことで、かえって朝鮮へのロシアの影響力が強まる結果となった。そのための焦りが、日本に閔妃(びんひ)殺害事件(一八九五年)など尋常でないやり方をとらせることになる。こうした中で中国において一九〇〇年に義和団事件が勃発し、日本も欧米連合軍とともに出兵して「極東の憲兵」としての実績を残すことになるが、同事件を契機にロシア軍が満州に南下したために日・露の緊張は高まった。〇二年一月、日本はイギリスと同盟を結び、大英帝国の世界戦略に自ら組み込まれる形でロシアとの対決路線を選択した。

日清戦争の際、日本海軍は世界標準の戦艦(battleship)を一隻も保有していなかったが、一〇年後の日露戦争開戦時にはイギリス海軍が保有していてもおかしくないレベルの戦艦六隻・装甲巡洋艦六隻(開戦後二隻増加)を保有していた。これらの戦艦の全てと装甲巡洋艦の四隻がイギリス製で、一八九四年から九九年の間に起工され、九六年から一九〇二年にかけて完成していた(山田 二〇〇九:八五頁)。同盟以前のイギリスからの武器移転がなければ、日本にとって日露戦争(一九〇四―〇五年)はまったく成り立たなかった。だが、イギリスにとっても新鋭戦艦を日本のために建造し売却したことは、それがイギリスにとってはそれほどの数ではなくとも、世界の全海域で日英同盟側が露仏同盟側を戦艦数で上回るという効果をもたらした(**表7-1**)。

イギリスは、みずからが世界に構築した海底ケーブル網による情報伝達や金融資本による日本国債(外債)の購入などでも日本を支援した。イギリス金融資本による日本国債購入は、アメリカのユ

表 7-1　地域別の海軍力バランス
（英国海軍情報部　1903 年 5 月 25 日）

	装甲艦		非装甲艦	
	戦艦	巡洋艦	巡洋艦	魚雷艇
ヨーロッパ	英 37 仏露 33	英 13 仏露 11	英 46 仏露 29	英 160 仏露 282
優位	英 4	英 2	英 17	仏露 122
中国・日本海域	英 4 日 6	英 1 日 6	英 8 日 16	英 13 日 83
	露 6	露 3 仏 1	露 7 仏 4	露 35 仏 3
優位*	英日 4	英日 3	英日 13	英日 58
豪洲・太平洋・東南アジア	0	0	英 16	英 7
東洋における優位	英日 4	英日 3	英日 29	英日 65

出典：岡崎久彦『戦略的思考とは何か（改版）』（中公新書、2019 年）275 頁

* 日英同盟がなければ、装甲鑑（戦艦▲2　巡洋艦▲3）、非装甲艦（巡洋艦▲3　魚雷艇▲25）で英国劣勢

ダヤ系金融資本（クーン・ローブ商会など）による日本国債大量購入の呼び水となり、日本は戦費の四〇％以上を外債によって調達できた。日本は軍事力・情報力・資金力における劣勢を日英同盟によって補うことができた。

日英同盟は、日本に勝利をもたらしたが、イギリスはヒト・モノ・カネのいずれも失うことなくロシアを疲弊させるという大きな戦略的目的を達成し、戦中・戦後にフランス・ロシアと協商関係を成立させ、ドイツを包囲する態勢を築いた（詳しくは第3・4章参照）。日本は一〇万人以上の人命を犠牲にし、国家予算の六倍以上の戦費を投入したにもかかわらず賠償金は得られず、外債はそのまま借金として残り、戦後もその返済に新たに外債を発行し続ける借金地獄に陥った。日英同盟は、日本にも勢力圏の拡張という当面の「利益」を与えたように見えたが、イギリスが得た利益に比べればはるかに小さく、犠牲は大きかった。犠牲は小国に、最大の利益は大国に、というのが軍事同盟の本質的な性格である。

日露戦争において日本は大国ロシアに辛勝して朝鮮における支配権を確立し、満州における権益(遼東半島・満鉄・駐屯軍＝のちの関東軍)を獲得したため、あたかも「一等国」になったかのような幻想を日本人に与えた。また、日露戦争後に韓国を保護国化し、さらに「併合」してしまったことで、朝鮮半島が「主権線」化し、今度は満州が「利益線」と化したことで、その後の日本のさらなる膨張を生んでいくことになる。「韓国併合」と同じ一九一〇年に「大逆事件」が起きたように、戦争と植民地支配、国内における反戦派への弾圧は三位一体のものとして再生産されていく。戦争は次の戦争を呼び起こし、植民地支配は戦争によってさらに領域を広げ、植民地や国内での反対派の言論や運動はさらなる締めつけにあうという悪循環の構図である。戦争反対派をいわば「内敵」として排除する論理は、第一次世界大戦を境にさらに強化されていくこととなる。

Ⅱ 「成功事例」の再現をめざした大陸侵攻

防共・思想戦と膨張主義

第一次世界大戦(一九一四―一八年)を経て国家総力戦・国家総動員の概念が導入されると武力戦だけでなく、「思想戦」が重視されるようになる。大戦中にロシア革命が勃発して社会主義運動が世界的に高揚し、ロシア・ドイツ・オーストリア＝ハンガリー・オスマン帝国などで帝政が倒れて多民族支配の体制が揺らいだ。日本においては、社会主義思想は、天皇制を脅かす最大の「思想敵」とみなされた。この「思想敵＝内敵」を排除する仕掛けとして作られたのが治安維持法（一九二五年）である。

一方、日本の膨張主義戦略と日露戦争を支えた日英同盟は一九〇五年に改定され、その適用範囲をインドまで拡大させるとともに、イギリスは日本の韓国支配を容認した。そして一一年に再改定された同盟条約を根拠に、日本は第一次世界大戦にも参戦したのである。だが、ウィルソンやレーニンに代表される大戦後の世界的な秘密外交＝軍事同盟否定の潮流の中で、日・英・米・仏の間で太平洋の現状維持（大国相互の権益の尊重）を取り決めた四カ国条約が二三年に発効したことで日英同盟は廃棄された。

軍事同盟がなくなっても、同盟を後ろ盾として軍事大国に成長してきた日本の膨張主義は、中国情勢の変化を契機に再び高揚し始める。一九二〇年代半ばには、辛亥革命後、混乱を続けていた中国国内で、国民政府による国家統一の動き（北伐）が顕著になり、その動きが、日本が権益を有する山東半島や満州に波及することを予期した日本政府（田中義一内閣）は、二度にわたって山東出兵を行ない、「居留民保護」を名目に北伐の阻止を企てた。その中で勃発したのが、張作霖爆殺事件（一九二八年六月）であった。この事件は、満州の事実上の支配者である張作霖を暗殺して治安悪化状況をつくり出し、その機に乗じて満州全体を占領しようという関東軍による謀略の一部をなすものであった。この謀略は失敗したが、それをやり直したのが満州事変（一九三一年九月）である。

満州事変と「満洲国」成立——新たなる「成功事例」

満州事変期まで日本は、一九二〇年に設立された国際連盟の常任理事国であり、連盟を支える側であった。ワシントン会議において締結された九カ国条約(日本も批准、一九二五年発効)により、中国の主権・独立・領土保全は尊重されることになっていたにもかかわらず、満州事変と「満洲国」建国によって、力による国際秩序の変更が行なわれた。

発端は、日本軍の出先機関である関東軍と朝鮮軍による計画的な謀略であり、日本政府(第二次若槻礼次郎内閣)は事態の「不拡大」を表明し、陸軍首脳も当初は関東軍を抑制しようとしたが、結局は関東軍の行動を追認するにいたる。そして、三二年八月に内田康哉外相の「焦土外交」演説(満州の権益は日本が焦土となっても、つまり世界を相手に戦争をしてでも守り抜くという趣旨の議会演説)があり、九月には「日満議定書」が結ばれて日本政府は「満洲国」を承認し、その後、三三年三月に連盟脱退を通告する(発効は三五年)。これは、外交的な孤立をあえてしても、「満洲国」の権益は守り抜くという意思表示である。

日本本土の約三倍の面積を「帝国」の勢力圏に編入するという力による現状変更を、列国の実力介入も中華民国政府からの武力による本格的反撃も受けずに実現したのであるから、天皇を含めて当時の日本の国家指導者・軍人たちの多くが満州事変と「満洲国」建国を「成功事例」と捉えたのも無理はないことであった。そこには、世界恐慌への対応などで欧米列強に介入の余力がなかったことや、国共内戦を優先した中華民国・蔣介石政権の特殊事情(当時、国民党の蔣政権は、共産党勢力を一地方に追い詰めて包囲殲滅しようとしていた)が背景にあったが、日本の軍部とりわけ陸軍の中堅幕僚層には、世界情勢を読み切って「回天の偉業」(石原莞爾の言葉)を達成したという大きな自惚れを抱かせる結果となった。

かくして、満州事変と「満洲国」建国は、「成功事例」と捉えられるようになり、その「成功事例」の再現が目論まれることになる。それが「第二の満洲国」成立を目指した華北分離工作(当時は「北支処理」と称した)である。これは、華北五省の「自治」(蔣政権からの分離)を目指した工作で、一九三六年一月に閣議決定され、主として中国・天津に司令部を置く支那駐屯軍が実施するものとされた。三三年の塘沽(タンクー)停戦協定によって非武装地帯とされた河北省東部(冀東(きとう))を足場にした冀東特殊貿易(密貿易)も実施され、円系通貨が流通する経済圏も作られつつあった。こうした、政治・経済両面からの華北分離の潮流の中で勃発したのが、盧溝橋事件(一九三七年七月)である。

「成功事例」再現をめざした日中戦争

日中戦争が始まる前に、日本の対外膨張と新たな軍事同盟に結びつく動きが芽生えていた。一九三六年末のワシントン・ロンドン両海軍軍縮条約の期限切れを見越して、すでにこの年度から日本は軍拡モードになっていたが、三六年八月、軍拡の裏づけとなる政策「国策の基準」が広田弘毅内閣のもとで決定された。これは、大陸での権益を固めるだけでなく、「南方海洋」に日本の勢力圏を拡大しようとするものだった。また、反ソ・防共という理念の一致から同年一一月には日独防共協定が結ばれた。三七年には日独伊防共協定となり、後の三国同盟の出発点となった。当時の日本の国家指導層においては、かつての日英同盟の延長線上に国家戦略を位置づけようとする英米協調路線と、ヨーロッパにおいて「新秩序」を建設しつつある独伊と連携しようとする路線(主として陸軍)が対立していた。だが、防共協定の締結によって、陸軍をいわば出城としてドイツが日本の路線に影響力を持つ時代が到来する(手塚 二〇二二)。

盧溝橋事件は、発生後まもない七月一一日に、現地で日本側の主張を認めた停戦協定が成立し、そのまま事態は鎮静化するかに思われたが、同日、日本政府は内地等から五個師団を華北に派遣する旨を決定しており、その後、新たな衝突も起き、事態は拡大した。拡大の真相は不明であるが、日本側にもこの機を捉えて華北分離を実現しようという拡大のベクトルがはたらいたことは確かである。そして、戦火が海軍の謀略(上海で陸戦隊の大山勇夫が命令により中国側を挑発し、射殺された事件)を契機に華中にまで拡大する(笠原 二〇一五)と、戦争目的は、なし崩し的に蔣政権の打倒へと傾斜していった。

日中戦争においては、日本側の誤算が重なった。まず、開戦初頭の一撃で決着がつく、あるいは蔣政権が崩壊するという当初の見通しは崩れ、国共合作を成立させて抗日戦争の態勢をととのえた中国側が上海周辺に配した防御陣地と精鋭部隊によって日本軍は予想外の苦戦を強いられ、大きな損害を被った。また、日本軍の作戦拡大を日本による中国独占の行動と見てとった欧米列強は、後に中国を軍事的にも財政的にも支援しはじめ、戦争は長期化した。

なお、日中戦争における「成功事例」の再現をめざす軍事行動、侵攻側の誤算、長期化のメカニズムは、二〇二二年二月に始まったロシアによるウクライナ侵攻(ウクライナ戦争)ときわめて類似している。すなわち、クリミア併合(二〇一四年)を「成功事例」とみなしたロシア側は、その再現をめざしてウクライナへの侵攻作戦を始めたが、事前に一定の準備をしていたウクライナ側の結束と抗戦により、ロシア側の短期決着の想定は誤算となり、NATO・アメリカ側の継続的な軍事的・財政的支援によって戦争は長期化した(山田 二〇二三)。

Ⅲ 打開のための日独伊三国同盟

「援蔣ルート」遮断のための三国同盟

首都であった南京の占領(一九三七年一二月)によって蔣介石政権は勢力を失ったと見た日本政府(第一次近衛文麿内閣)は、三八年一月に「爾後(じご)、国民政府を対手(あいて)とせず」との第一次近衛声明を発したが、蔣政権は抗戦を続けた。日本軍は、徐州作戦・武漢作戦・広東作戦などの大作戦を展開したが、手詰まり状態となった。和平工作は外交交渉ではなく、次第に陸軍が中心となった謀略に傾斜し、蔣政権の有力者の一人である汪兆銘(精衛)を日本側に取り込んで、蔣政権の分裂・弱体化を狙うようになった。日本側は、同年一一月にこの戦争の目的は、「東亜新秩序」を建設することにあり、その目的達成に協力するのであれば国民政府といえども拒まないとする第二次近衛声明を発し

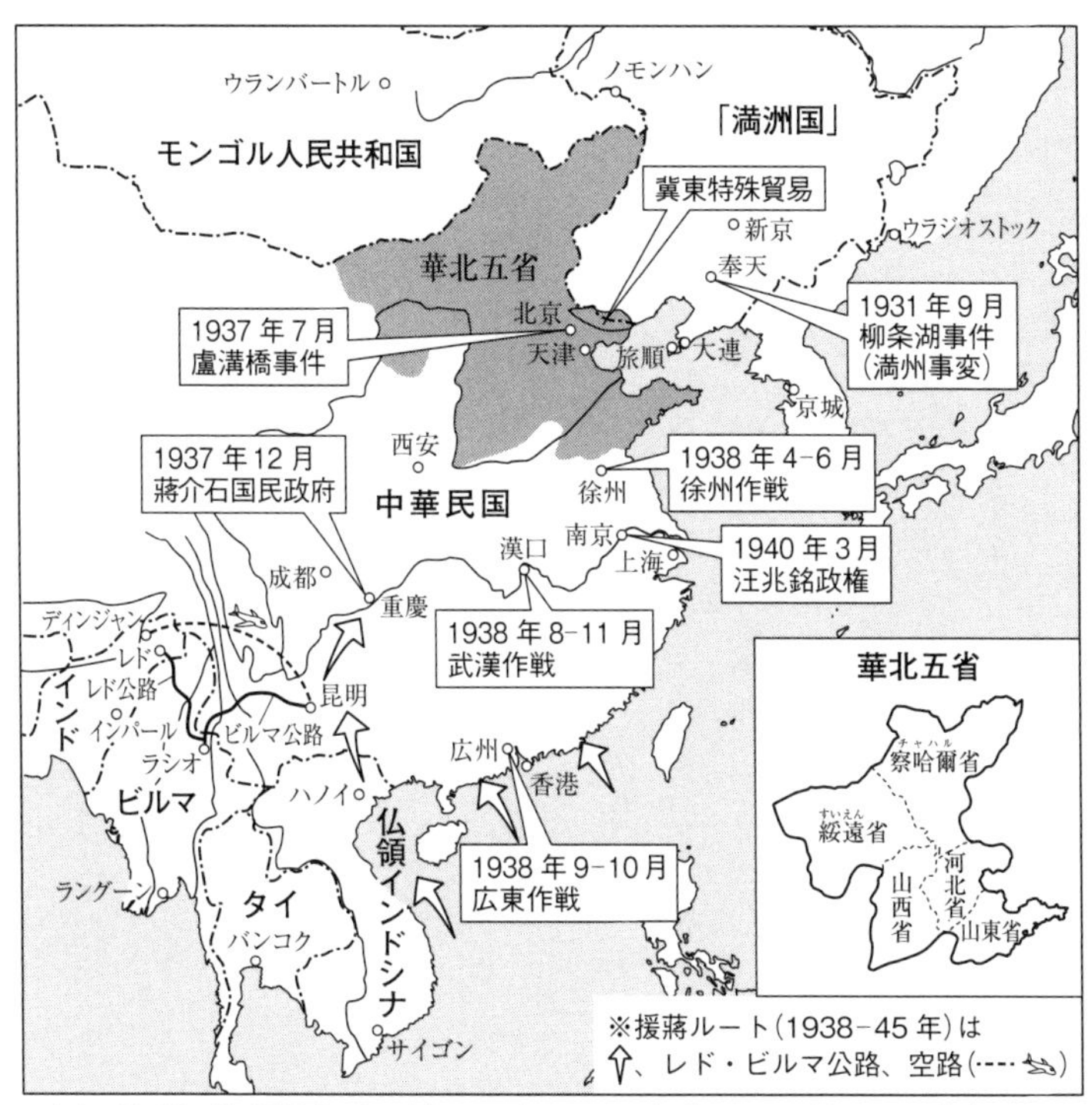

出典：桑原悦・前原透編『日本の戦争——図解とデータ』(原書房、1982年)などから作成

図7-1　満州事変後の中国大陸における動向

た。これは、第一次声明を事実上取り消し、国民政府の一員である汪兆銘を取り込むためのレトリックであった。しかしながら、この「東亜新秩序」は、日本が中国における諸外国の権益を侵すものと解釈され、九カ国条約(ワシントン会議の際に締結され、中国における諸外国の権益の現状維持を取り決めた)に違反するものとして欧米諸国から強い反発を受けた。アジアに派兵して権益を守ることができない欧米諸国は、中国を支援することで日本を抑制し

ようとしたのである。

そのため日中戦争は、単に日本vs中国の戦争ではなく、英・米・仏・ソ連などの諸国が陸路・海路からの「援蔣ルート」を設定して中国を支援したため、次第に日本vs中国・英・米・仏・ソ連という世界戦争の構図となっていった。日本軍は、一九三七年末の時点ですでに五〇万人を越す兵力を中国戦線に派遣し、その後も六〇万人から八〇万人を投入し続けたが、蔣介石軍撃滅、「援蔣ルート」遮断、治安戦(占領地等における共産党の八路軍などへの対ゲリラ掃討戦)を同時に遂行せねばならず、常に戦力分散となって消耗を続けた(図7-1)。

日本は、中国が屈服しないのは欧米諸国が「輸血」しているからだ、とイギリスなどへの憎悪をつのらせたが、現実問題として諸外国の援蔣物資輸送を阻止する方策を持たなかった。だが、一九三九年九月、ヨーロッパで第二次世界大戦が始まり、四〇年春以降、ドイツが西方攻勢を成功させ、フランス・オランダを制圧してイギリスへの圧力を強めると、日中戦争解決のためにもドイツ・イタリアとの軍事同盟を結ぼうとし始める。実は一九三九年、日本(平沼騏一郎内閣)はソ連を仮想敵国とみなしてドイツとの軍事同盟を締結する寸前までいっていたが、八月に突如ドイツがソ連と不可侵条約を締結したため、同盟論議はいったんご破算になっていた。ドイツの「電撃戦」の成功によって、「援蔣」仏印(フランス領インドシナ)ルートを支配するフランスが敗北したことを好機として日本は、四〇年九月に仏印当局に圧力をかけ、北部仏印(ベトナム北部)への進駐を強行した。そして、間髪を入れず、ベルリンで日独伊三国同盟を締結し、「援蔣」ビルマルートを支配するイギリスと、イギリスを支援するアメリカに圧力を加えたのである。

勢力圏拡張のための三国同盟

日独伊三国同盟は、アメリカの大戦参戦を抑制するとともに、第二次世界大戦後の勢力圏分割を約したものであった。そこでは、ヨーロッパにおける独・伊の指導性、「大東亜」における日本の指導性を相互に承認した。三国間でこの条約が締結されると、ドイツからソ連も日独伊側に取り込もうという趣旨の「リッベントロップ腹案」が示された。日本は、一九四一年二月三日の大本営政府連絡会議において「対独伊「ソ」交渉案要綱」を決定して、「蘇聯(ソれん)をして所謂「リツペン(ママ)トロップ」腹案を受諾せしめ右に依り同国をして英国打倒につき日、独、伊の政策に同調せしむると共に日、蘇国交の調整を期す」(外務省編 一九六六：四八一頁)とした。その後、日本は松岡洋右外相がソ連と交渉して四月に日ソ中立条約を締結して、ノモンハン事件(一九三九年)以降悪化していた日ソ関係を調整した。三国同盟に独ソ不可侵条約と日ソ中立条約を加えることで、英米陣営に対抗する巨大な日独伊ソ四国ブロックが形成されたかに見えた。

ところが、日本が四国ブロック成立に向けて動き出した頃、元来それを提案したドイツは方針を転換し、ソ連攻撃を決定していた。イギリスとの戦いが長期化することが見込まれたため、ドイツは資源・エネルギー・食糧の供給先としてソ連を制圧しようとしたのである。そして、六月二二日、独ソ開戦となる。一時は日本もその気になった四国ブロック論は崩壊したが、独ソ戦争の勃発によってソ連の日本への軍事的圧力が弱まったと判断した日本は、英米との対立を見越した上で南進路線（南部仏印＝ベトナム南部・カンボジアへの武力進駐）を強化した。

一九四一年七月二日に開催された御前会議において、「情勢の推移に伴ふ帝国国策要綱」が決定され、「対英米戦準備を整へ先つ（中略）仏印及泰に対する諸方策を完遂し以て南方進出の態勢を強化す」とした上で、「帝国は本号目的達成の為め対英米戦を辞せす」（外務省編 一九六六：五三一頁）との決意が示された。そしてこの御前会議決定に基づき、七月末に日本軍は南部仏印へと進駐する。また、ソ連が急速に崩壊すると見込まれた場合には、対ソ戦争も行なう覚悟で関東軍特種演習（関特演）が発令され、関東軍は従来の三〇万人から朝鮮軍も合わせて八〇万人以上に増強された。

英米との対立激化からアジア太平洋戦争へ

一九四一年七月二日御前会議決定に基づく日本の武力南進は、対英米関係を決定的に悪化させた。八月一日にアメリカは日本に対する石油の全面輸出禁止を決定する。しかし、この措置は、日本の軍部における、石油の備蓄があるうちに戦争を始めないと身動きが取れなくなる、待てば待つほどアメリカとの軍備の格差が広がるという早期開戦論に火をつけてしまった。結局、日本は、ヨーロッパにおけるドイツの勝利と南方の資源導入に期待をして、国力で大きな格差（一九四一年時点のGNP、鉄鋼生産量ともに一二倍）があるアメリカとの戦争に突入することになる。

一九四一年一二月に始まるアジア太平洋戦争における日本の大きな誤算は、欧州戦線でイギリス

表 7-2　アジア諸地域の戦争被害（死者、経済的・物的損害額、日本が獲得した資源）

	死亡者（人）	損害額（ドル）	日本が獲得した鉱産資源、食糧など
日　本	310 万以上		
朝　鮮	約 20 万	不　詳	鉄鉱石、米、大麻
中　国	1000 万以上	5000 億	中国本土 鉄鉱石、石炭、ボーキサイト、タングステン、小麦、綿花、大麻 「満洲国」 鉄鉱石、石炭、ボーキサイト、小麦、大豆、とうもろこし、羊毛、大麻
台　湾	3 万余	不　詳	米、砂糖
フィリピン	約 111 万	58 億 5000 万	鉄鉱石、クローム、銅、マンガン、砂糖、マニラ麻、コプラ
ベトナム	約 200 万	不　詳	石炭、タングステン、米、とうもろこし、ジュート
タ　イ	不　詳	不　詳	錫、米
ビルマ	約 15 万	不　詳	タングステン、ニッケル、石油、鉛、亜鉛、米、落花生、とうもろこし、ジュート
マレーシア・シンガポール	10 万以上	不　詳	錫、鉄鉱石、ボーキサイト、タングステン、ゴム
インドネシア	約 400 万	数十億	石油、ボーキサイト、ニッケル、石炭、錫、砂糖、とうもろこし、ゴム、キニーネ、コプラ
インド	約 150 万	不　詳	
オーストラリア	1 万 7744	不　詳	
連合軍将兵・民間人・捕虜	6 万数千	オーストラリアの死者のうち約 8000 と重複	
合　計	日本をのぞく死者：1900 万人以上		

出典：「日本は何をしたか、何を訴えられているか」『世界』1994 年 2 月号、「「大東亜共栄圏」その資源　日本の加害と被害」『週刊朝日百科　日本の歴史』第 119 号、1988 年より作成

＊　死亡者・損害額は、原則として政府の公式発表の数字

とソ連が、アメリカの支援によってドイツに屈服せず、アジア・太平洋戦域でも戦線が拡大しすぎて、生産力・輸送力が決め手の戦争になってしまったことである。結局、ガダルカナルから始まる大消耗戦の末に、戦力・物資のストックは枯渇し、それらが補充できないままに四三年末からの戦線崩壊が始まる。アメリカ側の航空戦・潜水艦戦によって戦力・資源・食糧の輸送も困難になり、前線では大量の戦死者(実態はその多くが餓死・病死)を出し、日本本土空襲もあって戦争経済は急速に崩壊して、日本はアジア諸国・諸民族に膨大な犠牲を強いた末に、惨憺たる敗北を喫することになった(表7-2)。

日本の失敗の最大の要因は、日中戦争をドイツ・イタリアとの軍事同盟によって打開しようとして、さらに好機を捉えようとした膨張主義も重なって無謀な世界戦争に踏み込んでしまったことにある。軍事同盟への過信が日本を崩壊に導いたとも言えよう。

Ⅳ　戦後の軍事同盟と自衛隊

ソ連脅威論と自衛隊への役割分担

戦後、日本の軍事力はいったん解体されたが、朝鮮戦争を契機に一九五〇年に警察予備隊が発足し、五二年に保安隊、五四年に自衛隊へと改編・強化された。五一年九月にサンフランシスコ講和条約と同時に調印された日米安保条約に基づき、日本に駐留していたアメリカ占領軍は、在日米軍となった。六〇年に改定された安保条約によって「武力攻撃に抵抗する（日米）それぞれの能力」を増強することが定められ、日米関係は事実上の同盟関係とみなされるようになり、条約の適用範囲も「極東」に拡大された。

日米の同盟関係が成立し、適用範囲が拡大されたことで、自衛隊の役割もただ単に日本領土内で「武力攻撃に抵抗する」ものから、次第に日本を拠点とする米軍を支援するものへと変化していく。それが明確になったのが一九七〇年代半ば以降である。その頃に何が起こったのか、以下に示しておこう（詳しくは、渡辺・後藤編 二〇〇三：二七九―二八二頁、および木元 二〇一二参照のこと）。

一九七五年にベトナム戦争が終結し、いわゆる「デタント（緊張緩和）」が到来したとされた。だが実際には、米ソ間で海洋核戦力を柱とする新たな核軍拡が始まっていた。東アジアにおいては、ソ連海軍が潜水艦発射弾道ミサイル（ＳＬＢＭ）を搭載したデルタ級戦略原子力潜水艦（原潜）をウラジオストックに配備し、それがオホーツク海あるいは北太平洋に進出することは、アメリカにとって戦略上、抑制したいことであった。とりわけ、米ソ核戦争が切迫した事態となれば、ソ連の戦略原潜を日本海に封じ込めてしまうことが、アメリカによって日本の軍事力（自衛隊）に期待された役割分担であった。そのため、一九七〇年代半ばから、「ソ連海軍の脅威」を理由とした自衛隊の戦力強化が進められることになる。

自衛隊の当時の軍事的役割は、ソ連の戦略原潜の太平洋（オホーツク海）進出を阻止することにあった。そのため、有事においては、日本に隣接する三海峡（対馬・津軽・宗谷）を封鎖しつつ、ソ連海軍が強行突破する可能性が最も高い北海道の北部(宗谷岬周辺)を確保することが自衛隊に求められたのである。一九七九年、ソ連海軍が、キエフ級航空母艦の二番艦ミンスクを極東に配備したことは、ソ連海軍の海峡突破作戦の決意を示すものと観測され、日米側の危機感を高めた。

ソ連の脅威に対応した自衛隊の戦力増強

このような状況のもとで、自衛隊の新たな戦力展開が始まる。陸上自衛隊は、一九七四年に新鋭の七四式戦車を採用し、北海道の第七師団(千歳)への戦車部隊の集中をはかった(北海道に配備された戦車は最盛期には約五〇〇両に達した)。八〇年には航空自衛隊が、それまでの主力戦闘機F-4EJファントムにかわってアメリカ空軍の制空戦闘機と同じF-15Jイーグルを主力戦闘機として導入し、米軍戦力との同質化に踏みだした。また、翌八一年には、海上自衛隊が、対潜水艦戦力の強化、米軍戦力との同質化をはかって対潜哨戒機P-3Cオライオンの導入を始めた(P-3Cは最終的には一〇〇機以上が配備された)。

兵器体系の同質化だけでなく、日米軍事力の連携強化のためのシステムづくりも進んだ。「有事」に対処するための常設的な日米連絡調整機関として日米防衛協力小委員会が一九七六年八月に発足していた。そして、一九七八年一一月には「日米防衛協力のための指針」(以下「ガイドライン」)が合意された。この「ガイドライン」の決定は、日米両軍がソ連を仮想敵国としての有事＝戦時共同作戦の大筋をさだめたものであり、日米安保条約の実質的改定(実のともなった軍事同盟化)ともいえるものであった。「ガイドライン」の策定と前後して、有事＝戦時を具体的に想定した戦争準備作業が始まる。防衛庁(当時)による有事立法公式研究の始まりである。研究開始の背景には、明らかに日米共同作戦計画の具体化があった。

海洋核戦力をめぐって熾烈な軍拡競争を展開していた米ソ両国は、一九七九年一二月のソ連によるアフガニスタン侵攻を契機に、その対立を顕在化させ、「デタント」は終焉した。SLBMを搭載した戦略原潜の開発と偵察・管制システムの要となる人工衛星の配置が新たな核軍拡競争の中心となった。米ソ対立の顕在化にともなって、日米軍事一体化は更に進展した。一九八〇年二月からリムパック(環太平洋合同演習)に海上自衛隊が参加したのをはじめ、陸上自衛隊も八一年から日米共同訓練を実施、航空自衛隊も八三年から米軍との共同指揮所訓練を実施するようになった。

日米の役割分担にしたがって、自衛隊によって三海峡(とりわけ宗谷海峡)が封鎖されれば、ソ連の戦略原潜とそれを護衛する攻撃型原潜や水上艦艇、極東ソ連空軍は、海峡の強行突破をはかり、場合によっては空挺部隊や地上部隊を着上陸させて北海道北部の占領・確保をはかるかもしれない。そうなれば、自衛隊は、空と海からソ連軍を攻撃するとともに、旭川に集中させておいた陸上自衛隊の戦車部隊を音威子府(おといねっぷ)周辺に北上させて宗谷岬を確保し、海峡封鎖を貫徹する、といった「道北戦争」のシナリオが描かれ、自衛隊は訓練をつんだ。また、日本近海に出没するソ連潜水艦を、海上自衛隊の対潜哨戒機と潜水艦が徹底的に追尾し、その音紋(スクリュー音)などのデータを米軍に提供し、型名・艦名を特定するといった「作戦」を展開していたのである。日本の軍事力は、アメリカの対ソ戦略に完全に組み込まれ、ソ連の海洋核戦力をブロックするという任務を果たしていたのである。

軍事同盟下の日本の軍事力

米ソ冷戦が終結しても、米軍を補完する自衛隊の「軍縮」は行なわれなかった。英・仏・独・伊などヨーロッパの軍事大国は主として陸軍力の大幅な軍縮によって軍事費を削減したので、一九九五年には日本の軍事費は、アメリカにつぐ世界第二位にまで相対的に上昇し、二〇〇三年までその状態が続いた(*SIPRI Year Book* 各年版による)。この間にも一九九一年の湾岸戦争に際しては、戦闘停止後、海上自衛隊の掃海艇がペルシア湾に派遣されるなど、自衛隊は米軍を支援するための海外展開能力を保持するようになる。自衛隊の海外派遣という「国際貢献」が自衛隊の軍縮を回避させる格好の口実となった。二〇〇一年の「九・一一同時多発テロ」を契機とするアフガニスタン戦争では、インド洋における米軍艦艇への補給活動を担い、〇三年以降のイラク戦争では米軍への輸送・補給や後方地域の警備活動を自衛隊が分担するようになり、米軍による世界的な正規軍戦だけでなく「対テロ戦争(非対称戦争)」を支援する能力を分担するようになった。

米ソ冷戦時代の一九七八年に初度決定された「ガイドライン」は、「日本への直接的な武力攻撃」に対応するためのものとされ、上述の三海峡封鎖や「道北戦争」などのプランを生み出したが、一九九七年の第一次改定に際しては「日本周辺地域の有事」、いわゆる「周辺事態」への対応が可能となったとされた。この「日本周辺」には、「九・一一」やイラク戦争に際してはインド洋・ペルシア湾岸方面も含められ、自衛隊のインド洋での補給活動、イラクでの輸送・補給・後方警備活動が実施された。そして、二〇一五年四月の「ガイドライン」第二次改定においては、「世界有事」すなわち世界のどこで何が起きても日米が対応できる体制がつくられた。

ガイドラインの改定前後には、常に日本側の軍事システム変更が行なわれてきた。二〇一五年の「ガイドライン」改定を前に、一三年末に「防衛計画の大綱」を改定して「平成二六年度以降に係る防衛計画の大綱(25大綱)」が決定され、一九七六年一〇月に最初に決定された「防衛計画の大綱」以来の軍事力の数量的抑制路線を拡大路線へと転換した。また、二〇一四年七月には「集団的自衛権」行使容認の閣議決定が行なわれ、一五年にはそれを盛り込んだ安全保障関連法が成立し、自衛隊の武力行使や米軍への後方支援の拡大が定められた。この「ガイドライン」改定と安保法制の改定は、それまでの日米共同作戦の地域拡大だけでなく、自衛隊の米軍支援能力の質的向上を目指すものでもあった。その背景にあったのが中国の軍事大国化の動きである。

二〇一〇年代半ば以降、米中対立の構図が明らかになると、自衛隊は中国・台湾に隣接する「島嶼防衛」用としてそのための兵器・部隊を配備するようになり、次第に、「スタンド・オフ防衛能力」と呼称される事実上の敵基地攻撃能力を独自の「抑止力」として保有するようになるのである。

V　改憲と護憲の対抗

憲法九条の成立と改憲論の登場

一九四六年二月三日、マッカーサーが示した憲法草案三原則に「国の最上位にある天皇」、「封建制度の廃止」とともに「国権の発動たる戦争の放棄」が盛り込まれたのは、一月二四日の幣原喜重郎首相との秘密会談の結果、天皇制存続を国際世論に納得してもらうための一種の取引材料であったとされている(笠原 二〇二〇：二五六—二六〇頁)。だが、第九条の冒頭に「日本国民は、正義と秩序を基調とする国際平和を誠実に希求し」を追加して、平和主義を明示したのは、衆議院における審議の結果であった(仁昌寺 二〇二三：二〇四—二〇九頁)。また、四六年六月には、国会において吉田茂首相は自衛戦争をも認めない旨の答弁を行なっている(答弁・政府見解は『防衛ハンドブック』所収、以下同じ)。

しかし、朝鮮戦争を契機として警察予備隊が設置され、「軍国主義者」「超国家主義者」として公職追放されていた戦前期の政治家の復帰が始まる。一九五二年四月に講和条約が発効して独立が回復するが、当時、メーデー事件などの社会運動の急進化に対して、破壊活動防止法制定、公安調査庁設置、警察予備隊の保安隊への改組・増強(旧軍人の復活も進む)などが行なわれた。また、岸信介を顧問とし「自主憲法制定」を掲げる日本再建連盟が発足、総選挙でも鳩山一郎などの追放解除組が多数当選するなど改憲潮流は急速に高まった。この年三月の『毎日新聞』の世論調査でも、「軍隊を持つための憲法改正」に対して賛成四三％、反対二七％で改憲派が優勢という結果が出ている（境家 二〇一七：八八頁）。

この潮流に歯止めをかけたのが、一九五四年三月一日のビキニ環礁でのアメリカの水爆実験により「死の灰」を浴びた第五福竜丸事件である。この事件を契機として原水爆禁止運動が高揚し、多くの日本人に戦争の記憶を蘇らせた。そのため、同年一二月に「憲法改正」を掲げた鳩山一郎内閣が成立し、翌五五年には保守合同によって改憲を党是とする自由民主党が成立しても、「改憲＝戦前復帰」という認識は広まり、それが六〇年には岸信介内閣を退陣に追い込む一つの要因となったといえる。

なお、一九五六年二月、「敵基地攻撃能力」保有が議論されたことがある。当時の鳩山首相は、「誘導弾等による攻撃を防御するのに、他に手段がないと認められる限り、誘導弾等の基地をたたくことは法理的には自衛の範囲に含まれ、可能である」との見解を示している。また、五七年五月には、岸首相が、「名前は核兵器とつけばすべて憲法違反だということは、（中略）憲法の解釈論としては正しくないのじゃないか」としているが、鳩山も岸も改憲を前提にして発言したものであろうが、これらの答弁は、日本を戦前に回帰させるものとして大きな反発を生んだ。

護憲潮流の定着と改憲派の巻き返し

六〇年安保以降、一九六〇―七〇年代にかけて九条護憲の潮流は定着し、池田勇人内閣以降の自民党政権も正面から改憲を提起することを控えるようになった。そのため、佐藤栄作内閣は、六七年には「核兵器を作らず、持たず、持ち込ませず」の非核三原則を表明し、七二年には集団的自衛権は憲法九条が許していない旨の政府見解を出さざるを得なかった。田中角栄内閣は、七二年に憲法が禁じている「戦力」とは「自衛のための必要最小限をこえるもの」として、防衛力に一定の歯止めをかけることを示した。また、三木武夫内閣は、軍事大国化しないことの証しとして防衛費をGNPの一%以内とすると表明し、七六年にはそれまでの武器輸出三原則を強化して憲法等の精神にのっとり武器輸出そのものを慎むものとする、との統一見解を発表した。これらは、憲法を変えるのではなく、憲法と自衛隊との折り合いをつけていこうとしたものと言える。

自民党の中で改憲路線が再び前面に出てくるのは、七〇年代末からである。それは、一九七八年の日米ガイドラインの策定を前提とし、福田赳夫内閣による有事法制研究の開始表明という形で表面化した。その後、九〇年代以降の自衛隊の海外展開、二〇一四年における「集団的自衛権」行使の容認の閣議決定など、既成事実先行型の解釈改憲が進んでいく。

イラク戦争と自衛隊――名古屋高裁違憲判決

しかし、こうした解釈改憲の潮流の中で、九条の理念が深められる動きもあった。二〇〇三年に始まったイラク戦争には、アメリカの要請によって自衛隊が輸送・補給・後方警備などの活動に派遣されたが、それに対して北海道(札幌地裁)を皮切りに、全国で自衛隊イラク派遣差止訴訟が市民によって提訴された。多くの訴訟が、「訴えの利益なし」として門前払いされる中で、二〇〇八年四月、名古屋高裁は、航空自衛隊のイラク派遣は、憲法九条一項違反であるとの判決を下したのである。この判決は、自衛隊の派遣差止めを認めなかったので、形式的には国側の勝訴であったが、二つの点で憲法にかかわる重要な判断を示した(毛利 二〇〇九)。

第一は、憲法前文にもとづく「平和的生存権」を「全ての基本的人権の基礎にあってその享有を可能ならしめる基底的権利」であるとして、憲法九条違反行為(戦争)やその遂行等への加担・協力への強制に対しては、裁判所に差止請求・損害賠償請求等の方法により救済を求めることができるとしたことである。

第二は、イラクは二〇〇三年以来、一貫して国際的な戦闘が継続していたと認定した上で、自衛隊のイラクでの行動は「他国による武力行使と一体化した行動」であり、「自らも武力の行使を行ったと評価を受けざるを得ない行動」であって、それは憲法九条一項違反であるとしたことである。

この判決に対して国側は「勝訴」したために上告することができず、名古屋高裁判決は確定判決となった。なお、この判決は、航空自衛隊が輸送活動を行なったバグダッドは「戦闘地域」に該当し、「現代戦において輸送等の補給活動もまた戦闘行為の重要な要素」と認定して、政府が定めた「イラク特措法」にてらしても、自衛隊のイラク派遣は違法な行為であるとしている。

軍事同盟と軍拡の歴史的教訓

戦前・戦後の日本は、「脱亜入欧」(戦前においては日英同盟・三国同盟のもとにアジアを侵略し、戦後においてはアメリカに追随する一方で、アジア諸国を経済進出の対象とのみ見たり、アジアに対する戦争責任を直視しない)という思想、「軍事同盟」路線という国家戦略において共通している。また、政治と経済との違いはあるが、膨張主義という点でも似通っている。しかしながら、戦争・出兵の連続という戦前と、主体的な戦争はしてこなかった戦後という大きな違いが出たのは、戦後日本が平和主義に基づく〈戦争放棄〉を国是としてきたからである。

戦前の軍事同盟下での軍拡は、日英同盟が日露戦争、日独伊防共協定・三国同盟がアジア太平洋戦争へと帰結し、日英同盟末期の対米建艦競争はワシントン海軍軍縮会議によって財政破綻寸前で終結した。戦争に結びついた事例では、超大国との軍事同盟が、いかに相手に利用され、振り回されたのかを示している。日英同盟と日露戦争の辛勝は、日本に利益をもたらしたかのように見えたが、多くの人的犠牲は、日本人を大陸経営にのめり込ませ、満州事変から日中戦争へと続く果てしない膨張・侵略への道へと進ませる結果となった。防共協定と三国同盟が、日本を反ソあるいは反英米と無謀な進路へ日本を誘導したことは明らかである。また、戦後の日米同盟の下での「道北戦争」の構想を見ても、アメリカの対ソ戦略のために、三海峡を封鎖し、自国領土内でソ連軍を迎え撃つというようなことを分担させられていたのである。

現在の日本は、軍事同盟に基づく〈戦争準備（軍拡）〉か、平和主義に基づく〈戦争放棄〉かの大きな岐路に立たされている。戦後日本人の平和観・護憲論を支えてきたのは、戦争の記憶である。だが、戦争被害の記憶もさることながら、戦争加害の記憶はなおさらに希薄になっている。加害者になることへの警戒感が微弱になる中で、米中対立の煽りを受けて、他者に背中を押されて日本が対中・対台湾の最前線に押し出されることだけは避けなければならない。

［参考文献一覧］

朝雲新聞社編（二〇二三）『防衛ハンドブック２０２３』朝雲新聞社

外務省編（一九六六）『日本外交年表並主要文書 下』原書房

笠原十九司（二〇一五）『海軍の日中戦争――アジア太平洋戦争への自滅のシナリオ』平凡社

――（二〇二〇）『憲法九条と幣原喜重郎――日本国憲法の原点の解明』大月書店

木元寛明（二〇一二）『戦車隊長――陸上自衛隊の機甲部隊を指揮する』光人社ＮＦ文庫（著者は元陸上自衛隊の戦車連隊長、「道北戦争」想定時にも北海道の戦車部隊に勤務していた）

境家史郎（二〇一七）『憲法と世論――戦後日本人は憲法とどう向き合ってきたのか』筑摩選書

手塚和彰（二〇二二）『日独伊三国同盟の虚構――幻の軍事経済同盟』彩流社

仁昌寺正一（二〇二三）『平和憲法をつくった男 鈴木義男』筑摩選書

毛利正道（二〇〇九）『平和的生存権と生存権と繋がる日――イラク派兵違憲判決から』合同出版

山田朗（一九九七）『軍備拡張の近代史――日本軍の膨張と崩壊』吉川弘文館

――（二〇〇九）『戦争の日本史20　世界史の中の日露戦争』吉川弘文館

――（二〇一〇）『これだけは知っておきたい日露戦争の真実――日本陸海軍の〈成功〉と〈失敗〉』高文研

――（二〇二三）「ウクライナ戦争――日本史から考える」『歴史学研究』第一〇三七号

渡辺治・後藤道夫編（二〇〇三）『講座　現代と戦争1　「新しい戦争」の時代と日本』大月書店

Stockholm International Peace Research Institute, *SIPRI Year Book: Armaments, Disarmament and International Security*, Oxford University Press.

第8章 東アジアの戦争をどう防ぐか

油井大三郎

ウクライナ危機は明日の東アジアの姿か

二〇二二年一二月一六日に岸田文雄内閣が閣議決定した「国家安全保障戦略」では、今後五年間に防衛費の一・五倍化や「敵基地攻撃(反撃)能力」の保有が明記され、戦後長い間堅持されてきた「専守防衛」という基本姿勢の大転換が決定された。その根拠はこう説明されている。「ロシアによるウクライナ侵略で、国際秩序を形作るルールの根幹が簡単に破られた。同様の事態が、将来インド太平洋地域、東アジアで発生する可能性は排除されない」と(『朝日新聞』二〇二二年一二月一七日)。

しかし、この文書では、将来、東アジアで発生しうる「侵略」の中身は具体的には明示されていない。あえて推測すれば、①米中の覇権争いの波及、②朝鮮民主主義人民共和国(以下、北朝鮮と表記)の核ミサイル問題、③尖閣諸島や南沙諸島などでの武力衝突、④中国による台湾の武力併合(台湾有事)などが想定される。中でも、東アジアにおける緊張激化の中心に、経済・軍事の両面で急成長を遂げている中国の脅威があるとして、戦争を「抑止」するために、日本も大規模な軍拡と「敵基地攻撃(反撃)能力」の保有が必要と主張されている。

しかし、これまで見てきたように、過去の歴史の教訓は、「抑止」戦略は仮想敵国の対抗的な軍拡や行動のエスカレートを招き、かえって戦争を招来することを教えている。その代表例が一九四〇年九月に締結された日独伊三国同盟である。この同盟はアメリカとの戦争を「抑止」するものと説明されたが、実際は一年強後に日米開戦を招来している。

このような大規模軍拡や「敵基地攻撃(反撃)能力」の保持という軍事戦略の大転換をみて、「新しい戦前」の到来と警鐘を鳴らす声が高まっている。日本が無謀な戦争に突入するきっかけは満州事変にあったが、その勃発原因を探ると、少なくとも次の三要因の反省が必要であろう(詳しくは拙著『避けられた戦争──一九二〇年代・日本の選択』ちくま新書、二〇二〇年を参照)。①多大な犠牲を出した第一次世界大戦の反省からウィルソンの「一四カ条」の講和原則の中で「民族自決」が提唱され、中国では帝国主義時代に失った利権の回収をめざす「国権回復運動」が活発化したが、日本はそれを「排日」とか、「侮日」と呼んで反発した。つまり、当時の世界の新動向を見誤り、中国に対する偏見に固執した誤り、②一九二〇年代の日本では、国際協調をめざす外務省と、中国の軍閥と癒着して満州利権の保持をめざす陸軍とが別々の対中外交を展開し、結局、満州事変という関東軍の暴走を引き起こしたという軍事優先政策の危うさ、③軍事優先政策が強行された背景には、明治憲法では軍部は天皇に直属し、議会の命令には服さないという「文民統制」条項の欠如という構造的欠陥があった。

つまり、日本が無謀な戦争の道に落ち込んだ要因には、少なくとも、①世界の大勢と中国に対する認識の歪み、②軍事優先政策、③軍部や政府の軍事優先政策を議会が止められなかった欠陥、という三つの反省が必要である。この三つの欠陥はそのまま現在の日本の状況に当てはまっているのではないか。「新しい戦前」を招来させないためには「戦前」の発生原因を正確に把握し、その教訓を現在に活かすことが大切である。そこで、すでに指摘した現在の東アジアにおける危機について個々に検討してゆこう。

I　米中覇権争いと東アジア

中国の経済成長

東アジアは、世界的には冷戦が終結しているのに、冷戦時代の遺制を引きずっている地域である。朝鮮の分断や台湾問題がそれを象徴している。そこに現在、米中の覇権争いの影が及んでいるため、その危機は一層複雑な様相を呈している。

そこでまず、中国の経済的・軍事的台頭の性格を検討してみよう。中国は、一九七八年に鄧小平が「改革開放」路線を採用して以来、外国企業を誘致し、中国人の安い労働力と結合して、輸出向けの製品を製造することで、急速な経済成長を実現した。その当初は、アメリカも日本もそれを支援し、二〇〇一年には世界貿易機関（WTO）への中国の加盟も支持した。その思惑の背後には、工業化の進展が広範な中産階級を生み出し、政治の民主化につながるという期待があった。しかし、実際には、一九八九年に発生した天安門事件以来、民主化の芽は摘まれ、共産党一党体制が続いているため、アメリカの場合、その失望が対中強硬策に転換された面がある。

その上、二〇〇八年に起こったリーマン・ショックで多くの国が深刻な経済後退を余儀なくされたのに対して、中国は大規模な財政出動によって短期間で経済回復を実現し、二〇一〇年のGDPが世界第二位の経済大国となった。

習近平政権と超大国化路線の始まり

このような経済大国化を背景として、二〇一二年一一月に習近平が共産党の総書記に就任、翌一三年三月には第一二期の全国人民代表大会で国家主席および国家中央軍事委員会主席に選出された。ここに、習近平は、共産党、国家、軍の三権を掌握することになった。

習近平の父、習仲勲は副総理まで務めた中国政府の幹部だったから、習近平は親の七光りで出世した「太子党」の一員ということになる。しかし、天安門事件でアメリカに亡命した陳破空によると、文化大革命の渦中に父が失脚し、一九六九年、一五歳の習近平は「反革命分子」と糾弾され、六年間農村部へ「下放」され、紅衛兵の一員として毛沢東思想に心酔させられたという（陳 二〇一四：七二—七五頁）。その後、共産党幹部の推薦を受け、「工農兵学員」として清華大学に進学したが、正規の教育は不十分だったという。二四歳で日本に留学し、その後日本で研究を続けている柯隆によると、「習政権幹部のほとんどは毛時代の紅衛兵である。元紅衛兵たちは、勇気は十分にあるが、見識、とりわけ国際社会の見識が足りない」という(柯 二〇二一：四五頁)。

このような屈折した経歴をもつ習近平時代になって中国は「世界に向けてその存在と実力をはっきりと主張し始めた」(柯 二〇二一：一〇頁)。国家主席に選出された折には、「富強・民主・文明・調和の社会主義現代化国家の完成」を標榜するとともに、「中華民族の偉大な復興」を訴えた(清水 二〇二一：二四頁)。また、二〇一三年には中国と中央アジア・中東・ヨーロッパ・アフリカを陸路と海路で結ぶ一大広域経済圏の構築をめざす「一帯一路」構想を提起した。二〇一五年にはそのインフラ整備に資する目的でアジアインフラ投資銀行(ＡＩＩＢ)が、アメリカや日本が中心となって設立したアジア開発銀行(ＡＤＢ)に対抗して設立された。さらに、同年に発表された「中国製造二〇二五」では、次世代情報通信技術や航空・宇宙装備・ロボットなどの製造業において、中華人民共和国建国一〇〇周年にあたる二〇四九年までにアメリカを追い抜いて世界一位になるとの目標が掲げられた。

中国の軍備拡張

経済拡大に対応して、軍備の拡大も続いてきた。軍拡は、江沢民が中央軍事委員会主席に就任した一九八九年ごろから始まり、毎年ほぼ一〇％以上の拡大を遂げてきた。また、一九九一年の湾岸

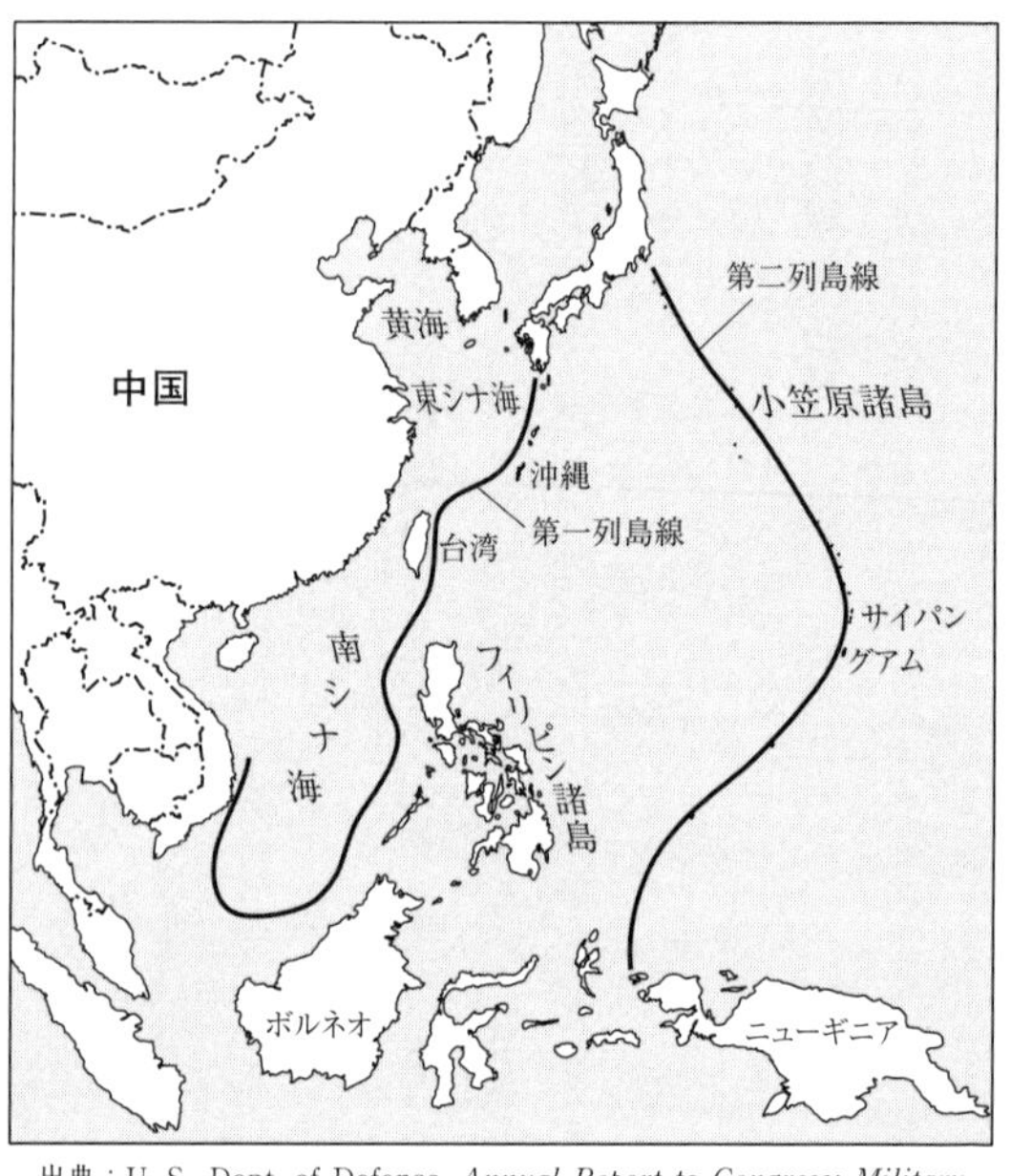

出典：U. S., Dept. of Defense, *Annual Report to Congress: Military and Security Developments Involving the People's Republic of China 2012*, p. 40 より作成

図 8–1　中国の防衛政策(第一–第二列島線)

戦争後には「近海防御」を掲げ、海軍の増強が始まった。西太平洋においては(図8–1)、九州沖から沖縄、台湾、フィリピン諸島、ボルネオ島を結ぶ「第一の島嶼の鎖」(日本では第一列島線と呼ぶ)の内側になる黄海、東シナ海、南シナ海の防衛が重視されるようになった。次いで、小笠原諸島、サイパン、グアム、パプアニューギニアをつなぐ「第二の島嶼の鎖」(日本では第二列島線)が重視されるようになった。さらに、一九九五年には台湾における独立志向の強まりを牽制するため、中国は短距離弾道ミサイルを台湾海峡に発射し、アメリカは台湾海峡に空母ニミッツ等を派遣して、牽制した(阿南 二〇一七：二八二―二八三頁)。二〇一三年に中国は初の空母を進水させ、射程がアメリカ本土に到達するミサイルを搭載する新型潜水艦の導入も計画したという(オースリン 二〇一七：二九八頁)。

空軍に関しては、当初は、ソ連製のミグ戦闘機の輸入に頼っていたが、ソ連との関係悪化後はミグ戦闘機の国産化に努力していた。ソ連崩壊後にロシアから戦闘機の輸入が再開されたが、第四世代の戦闘機にとどまり、米軍の第五世代にあたるステルス戦闘機の水準には及ばないといわれる（阿南 二〇一七：三一一―三一八頁）。むしろ、二〇一三年に月面着陸に成功したように、ロケットやミサイル開発で米軍に対抗しようとしている。

中国の人民解放軍は、国軍ではなく、中国共産党に属する党の軍隊である。これは、国民党との内戦を勝ち抜いた歴史の産物であるが、近代国家では当然となっている政治と軍の分離が進展していないことになる。総兵力は、二〇二三年版の『ミリタリー・バランス』によると、二〇三・五万人となっている。また、二〇二二年の国防費は三一九〇億ドルであるが、同年のアメリカは八二二〇億ドル（中国の二・五倍）で、依然としてアメリカには劣っている。ちなみに、同年の日本は四八一億ドルで、中国の一五％程度にとどまるので、岸田内閣が閣議決定したように、防衛費を一・五倍化しても、はるかに及ばない現実を冷静に直視する必要がある。

アメリカの対中政策の変遷

中国の経済成長が顕著になった一九九〇年代、アメリカのクリントン政権は、中国の市場経済化を歓迎し、アメリカ中心の国際経済秩序に組み入れる「関与政策」を採用していた。二〇〇一年に中国がＷＴＯに加盟できたのもそれ故であった。しかし、二〇〇一年の九月一一日に発生した「同時多発テロ」事件以来、アメリカが「対テロ戦争」を標榜して、中東地域に注意を集中させている間に、中国は東アジアで地歩を確立させていった。その上、リーマン・ショックで欧米や日本が落ち込んだのに対して、中国は短期間で回復し、アメリカの覇権に挑戦する姿勢を見せ始めると、対中政策の見直しが始まった。

二〇一二年一月にオバマ民主党政権が発表した「国防戦略指針」では、防衛費の大幅削減に対応して、米軍の重点を中東から東アジアに移す「リバランス政策」が採用された（佐橋・鈴木編 二〇二二：一七二頁）。このようなアメリカの対中対抗姿勢への転換に対して、習近平は二〇一三年にオバマに対して米中間を「新型の大国関係」に変更するように提案したが、オバマは受け入れなかった（中本・松村編 二〇二二：一八頁）。トランプ共和党政権になると、対中貿易赤字の削減や技術優位の回復を求める貿易戦争の様相を呈した。二〇一七年一二月に発表された「国家安全保障戦略」では中国とロシアを既存の世界秩序に対する「リヴィジョニスト」と位置づけ、「大国間競争が復活」したと宣言した（佐橋・鈴木編 二〇二二：一七三頁）。同時に、「アメリカ・ファースト」を提唱したトランプ政権は、NATOや日本などの同盟国に防衛費負担の増加を要求した上、地球温暖化防止の国際的枠組みであるパリ協定や、TPP（環太平洋パートナーシップ協定）からの離脱を表明するなど保護貿易主義や「単独行動主義」的傾向を示した。

二〇二一年に民主党が政権を奪還して成立したバイデン政権では、国際協調主義に復帰したものの、「民主主義vs権威主義」というイデオロギー対立を強調する「理念外交」に重点をおくようになっている。また、「中間層のための外交」を標榜し、国内雇用の回復を目指して、対中強硬策を継承する一方、気候変動や感染症対策では中国との協調を重視した（佐橋・鈴木編 二〇二二：一八七頁）。

米中間の覇権争いのゆくえ

このように、米中間では覇権争いが顕著になっているが、一九世紀末にイギリスの覇権が衰退し始めてから、第二次世界大戦後にアメリカに覇権が移行するまで、約半世紀の時間がかかったように、米中の覇権争いも半世紀もの長い時間がかかる可能性がある。それ故、二〇二三年年頭の一般教書演説で、バイデン大統領は、中国に対して「我々は衝突ではなく、競争を求めている」と呼び掛けた。しかも、二一世紀の世界では、多国籍企業や国際機関の発達など、国民国家間の経済的・社会的な相互依存が高まっているので、覇権自体の意味の低下が進行する可能性もある。

また、同盟関係重視の点では、二〇二〇年一〇月に米日豪印四カ国間の外相会合が開催され、「自由で開かれたインド太平洋」戦略の推進で合意した。翌二〇二一年三月からは同じ四カ国首脳による戦略対話（QUAD）が開催され、膨張する中国に対抗する同盟関係が構築され始めている。この同盟は、海外派兵に消極的になり始めているアメリカからみると、日本が二〇一五年の安全保障関連法の成立以来、憲法九条の解釈変更で集団的自衛権の限定的な行使を可能にさせてきたのと相まって、インド太平洋地域にNATO型の集団防衛体制を構築しようとするものであろう。日本の憲法九条は、自衛隊の発足で「軍隊の不保持」では形骸化したが、「海外派兵の阻止」の点では長く機能を発揮してきたが、いよいよ対中脅威を煽って、その制約をも撤廃しようとし始めているとみるべきであろう。ただし、インドはアメリカと軍事的な同盟関係をもっておらず、中国やロシアとも提携する姿勢を見せているので、中国包囲網としては不完全なものといえるだろう。

中国の海洋軍事進出

米中の覇権争いの一環として、中国は西太平洋地域における海洋軍事進出を図っている。南シナ海の南沙諸島の領有をめぐってフィリピンやベトナムとの、東シナ海の尖閣諸島をめぐって日本との対立が激化している。その原因の第一は、中国が第一列島線の内側を中国の「近海」とみなし、一九八二年以来、その防御戦略を決定した上、太平洋を米中間で東西に二分し、西太平洋を中国の、東太平洋をアメリカの勢力圏にする構想を持っているためである。しかし、民間船舶の航行の安全を海軍によって守るのは帝国主義時代の発想であり、二一世紀では航行の安全は国際法によって守られる時代に転換していることを中国も自覚すべきであろう。

また、南沙諸島や尖閣諸島の領有をめぐって対立する第二の原因として、これらの島々の漁業権や海底資源の掘削権の問題がある。しかし、資源の排他的所有の追求は、ヨーロッパにおいてしばしば戦争の原因となり、双方に多大な被害を出した。第二次世界大戦直後にフランスと西ドイツがザール地方やルール地方の石炭・鉄鋼資源の領有で争った時、フランスのシューマン外相は石炭・

鉄鋼資源の共同管理を提案した。この提案が実現し、「ヨーロッパ石炭鉄鋼共同体」が設立され、その成功を受けて、ＥＥＣ（ヨーロッパ経済共同体）、ＥＣ（ヨーロッパ共同体）となり、今日のＥＵがあるという歴史的教訓を今こそ学ぶべきだろう。東アジアにおいても、二〇〇八年六月に福田康夫政権が中国との間で東シナ海ガス田の共同開発で合意したように、排他的な領有権に固執するのではなく、共同開発を進めることが東アジアの平和と安定に資する道であるし、二一世紀的なやり方といえるだろう。

Ⅱ　北朝鮮の核ミサイル危機にはどう対処すべきか

北朝鮮がミサイル発射や核実験を繰り返すのは、アメリカに対して北朝鮮の現体制を承認し、国交を正常化させるための「威圧外交」を展開しているためである。リビアのカダフィ政権が二〇〇三年に核放棄を宣言して、アメリカと国交正常化をしたものの、その後、二〇一〇年末にチュニジアで始まった「アラブの春」の影響を受けた反政府運動の高まりによって政権が崩壊、武装抵抗を続けていたが、ＮＡＴＯ軍の空爆をきっかけに、カダフィ大佐が死亡した経緯が北朝鮮にはトラウマになっている可能性が高い。核やミサイルで武装しなければ、政権の存続が危ういと北朝鮮指導部は思い込んでいるのであろう。冷戦時代のアメリカは、韓国や中南米の独裁政権を積極的に援助までしていたのであるから、冷戦後になって、独裁政権を「ならず者国家」とか、「悪の枢軸」など非難して圧力をかけ続けるのは矛盾している。特に朝鮮戦争の場合、休戦協定はあるが、講和条約は存在していないので、いつ戦争が再発してもおかしくない緊張状態が続いている。北朝鮮が、核実験やミサイル発射、さらに拉致などの異常行動を繰り返すのは、まさに「臨戦態勢」にあるとの危機意識からであろう。

そこで、まず朝鮮戦争に関する講和条約を結ぶことで、アメリカが事実上、北朝鮮を承認し、国交を正常化することが先決だろう。その上で非核化交渉を行うことがかえって近道ではないか。朝鮮半島の緊張が緩和すれば、北朝鮮の人々自身による民主化もかえって進展しやすくなる可能性もある。また、拉致問題を抱えた日本としては、アメリカと北朝鮮との橋渡しをするくらいの覚悟で北朝鮮との直接交渉を決断すべきだろう。北朝鮮の核やミサイルはアメリカに対する「威圧外交」として行われているのは明らかであり、それをあたかも日本に対する「攻撃」とすり替えて、敵基地攻撃（反撃）能力構築の口実とするのは曲解もはなはだしいといわなければならない。

Ⅲ　台湾有事論に根拠はあるのか

台湾有事論のシナリオ

台湾が独立を宣言し、その独立を阻止すべく中国が軍事介入すると、対抗して米軍が中国と戦闘状態に入る、その際、自衛隊が米軍の後方支援か、本格参戦するというのが台湾有事論の想定である。

近年の日本で提起されるこのようなシナリオは、多くの場合、自衛隊や防衛省関係者によって書かれているケースが目立つ。その際、外交過程を入れると議論が「複雑になってしまう」ので、「各国の外交努力等の要素を取り除」いて議論をしている。しかし、その一方で、「米国と中国は、経済、軍事、政治体制、価値観等の領域において厳しい競争を展開しているが、両国ともに全面的な軍事衝突は避けたいと考えている」ことも認めている（森本・小原編 二〇二二：i—ii頁）。つまり、外交的要素を加えると、米中の全面的な軍事衝突は避けられる可能性が高いとしながらも、純軍事的な想定として「台湾有事」を語るというのが、多くの「台湾有事論」の最大の矛盾である。

「台湾有事論」にはいくつかのタイプがある。これには、二〇一四年にロシアがクリミアを軍事衝突なしに併合した「ハイブリッド事態」に類似したケースも想定されている。軍事衝突を伴うタイプを筆者なりに整理してみると、例①は、中国海空軍が台湾周辺で威嚇攻撃を行い、「銃口の下で平和統一の協議を行う」ケースである。例②は、中国空軍機が台湾の領空を侵犯し、台湾が反撃するが、短期で中国軍が台湾を占領するケースである。このケースでは中台間で戦闘が行われるので、ハイブリッド事態とは言い難いが、米中戦争に至らないで事態が収束するケースとして想定されているのだろう。例③は、中台戦争が勃発した場合、台湾空軍機が日本に避難を希望して、日本が受け入れた場合、日中間の衝突要因になることが想定されている（森本・小原編 二〇二二：七四—八〇頁）。

以上は戦闘や戦闘に近い状態が中台間に発生している場合だが、「ダークグレーゾーン」として次のようなケースも想定されている。例④は、中国による台湾の交通・金融システムなどへのサイバー攻撃によって台湾社会が混乱するケースである。これは、ロシアによるクリミア併合の際に実際に発生した事態で、その混乱の中でロシア語系住民がロシアへの併合を「住民投票」で議決したのであるが、台湾の場合、そのような親中派がどれだけいるか疑問である。例⑤は、中国が台湾、アメリカ、日本に対する世論工作により対中強硬策を緩和させようとする場合である（森本・小原編二〇二二：八一―八二頁）。このケースは、中国が台湾を平和統一するための工作として行うことが想定されるが、それは軍事攻撃を想定していないので「ダークグレーゾーン」とはいえないだろう。また、軍事攻撃に先行して行う工作だった場合、軍事攻撃に踏み切れば各国の世論は一挙に反中国的になると予想されるので、「ダークグレーゾーン」にもならないように思われる。

このように、台湾有事論では様々なケースが想定されているが、問題を「純軍事的」に論じるのではなく、外交も含めて「有事」を回避する道の探求がいまや必要であろう。

アメリカの対台湾「あいまい政策」

ニクソン政権による米中接近の結果、アメリカ政府は一九七二年に中国との間で上海コミュニケを発表し、その中で「アメリカは、台湾海峡の両側のすべての中国人が、中国はただ一つであり、台湾は中国の一部分であると主張していることを認識している」と明記した。つまり、アメリカ政府は、「一つの中国」政策が、アメリカの認識というより、中国人側の「主張」であり、それをアメリカが尊重するという立場をとってきた。その一方で、国内法として「台湾関係法」を制定し、台湾に対して「防御的」な武器の供給や民間交流を実施した(鈴木・伊藤編 二〇二一：一〇四頁)。このように米中接近以降のアメリカの台湾政策には「あいまいさ」が付きまとってきた。

他方、台湾では、一九九六年に初の民主的選挙が実現し、国民党所属だったが、台湾の自主性を重視する李登輝が当選した。彼は、台湾出身の「本省人」で、台湾の独立志向を恐れた中国は二発のミサイルを台湾海峡に発射して威嚇した。それに対して、クリントン政権は空母を派遣して対抗した。さらに、二〇〇〇年の総統選挙では、台湾の独立を綱領に明記した民進党の陳水扁が当選したのに対して、中国は二〇〇五年に反国家分裂法を制定し、台湾の独立に対しては武力で阻止する意向を明確にした。しかし、当選した陳水扁は、自分の任期中には「台湾の独立を宣言しない」と公約し、不安がっていた台湾世論を安心させた(井尻 二〇一三：九〇―九六頁)。

それは、**図8-2**に示されるように、二〇一〇年から二二年までの世論調査結果をみると、独立支持は二〇%から三〇%にとどまり、過半数は現状維持を支持しているからである。中国との統一支持は一〇%台にとどまっている。現状維持を支持する世論が過半数を占めるのは、独立を宣言すれば中国が武力介入し、台湾に膨大な被害がでることを懸念する世論が多いせいであろう。

その後、二〇〇八年の総統選挙では、中国との協調を主張する国民党の馬英九が当選し、二〇一〇年六月には中台経済協力枠組み協定が締結され、中国資本が多数台湾に進出した。二〇一二年の

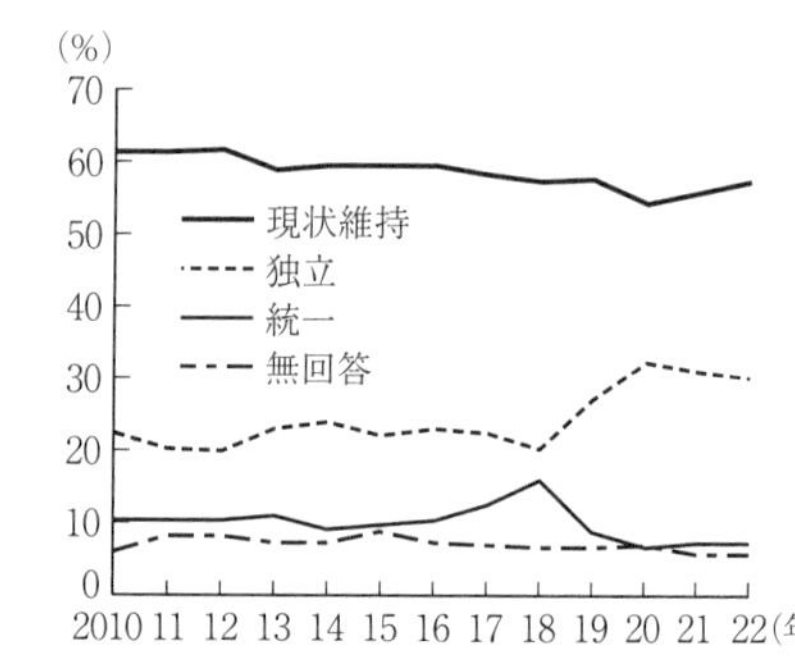

出典：国立政治大学選挙研究センターHPより作成
＊「現状維持」は、「当面現状維持」と「ずっと現状維持」の合計
「独立」は、「できるだけ早く独立」と「独立をめざした現状維持」の合計
「統一」は、「できるだけ早く統一」と「統一をめざした現状維持」の合計

図8-2 台湾における世論調査結果（2010–22年）

選挙でも馬英九が再選され、翌年には中台サービス貿易協定を結んだが、台湾側では中国企業にサービス産業が乗っ取られる懸念が浮上し、反対した学生による「ひまわり運動」が高揚、二〇一六年の選挙では民進党の蔡英文が当選した（国際時事アナリスツ編 二〇二二：一八〇、一九二―一九四、二〇〇頁）。この時期は、アメリカのオバマ政権が対中強硬政策に転換する時期に当たり、オバマ政権は南シナ海での「航行の自由」作戦を開始するとともに、台湾に対する軍事支援を強化した（中本・松村編 二〇二二：一八六頁）。

トランプ政権の登場と香港問題の影

二〇一七年にトランプ政権が誕生すると、中国敵視政策に対応して、台湾への軍事支援は飛躍的に強化された。オバマ政権では一回だった武器売却が九回にまで拡大し、新型のF16戦闘機六六機が売却され、アメリカの台湾関係法で規定されていた「防御的」の限界を突破した（鈴木・伊藤編 二〇二一：二四七頁）。当然、中国側は強く反発した。

その上、香港に対する中国政府の弾圧が台湾側の不信感を強めた面もある。中国は、イギリスから香港の返還を実現する過程で、香港の民主的制度を残す「一国二制度」を約束したが、二〇二〇年には香港国家安全維持法を押し付け、香港の民主的制度を一掃した。その結果、台湾では「一国二制度」政策への拒否感情が圧倒的になったという。しかし、だからといって、独立を宣言すれば、中国からの軍事進攻は必至なので、なお現状維持を支持する世論が多数であり、蔡英文の属する民進党は、二〇二二年一一月に行われた地方選挙で大敗を喫し、蔡英文は党首を辞任した。

このように台湾の人々は、即時独立を望んでいるわけではない。にもかかわらず、日本での「台湾有事論」は台湾が独立を宣言し、中国が武力介入することをあたかも自明のごとく主張している。つまり、日本での「台湾有事論」は「台湾不在」の議論であり、日本の大幅な軍拡のために台湾を利用している議論と疑わざるをえない。

台湾有事は日本有事か

日本における「台湾有事論」はこれまた自明のように「台湾有事は日本有事」と主張する傾向があるが、本当だろうか。それは、中国による台湾への軍事攻撃に対して米軍が台湾を支援して参戦することを前提とし、同盟国であるアメリカへの支援は、二〇一五年の安保法制にいう「重要影響事態」と認定し、自衛隊が米軍の後方支援に回るとする。その上、米軍が在日米軍基地から発進する可能性が高いので、中国が在日米軍基地をミサイル等で攻撃した場合、それは日本領土への直接

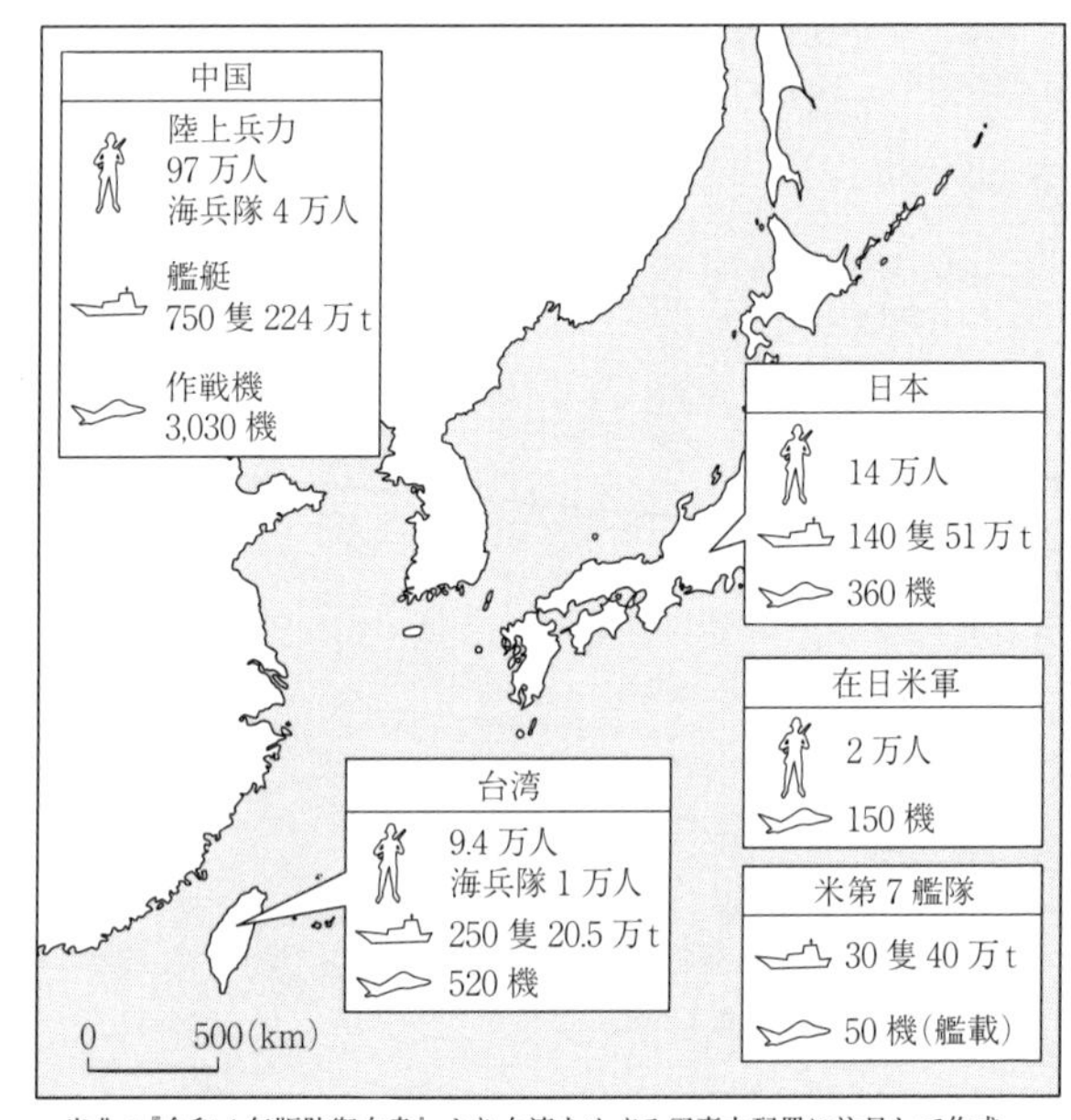

出典：『令和 4 年版防衛白書』より台湾をめぐる軍事力配置に注目して作成
＊　軍事力は陸上兵力、艦艇、作戦機に限定、核弾頭数は除外

図 8-3　東アジアにおける軍事力の配置状況

攻撃で、「存立危機事態」と認定して、自衛隊が本格参戦すると主張するのである。

しかし、仮に中国による台湾への軍事攻撃があった場合でも、米台間には軍事同盟はないし、アメリカの台湾関係法には台湾への「防御的武器供給」の規定があるだけで、参戦規定はない。それ故、アメリカ政府は改めて台湾への軍事介入の承認を議会に求める必要がでてくる。アメリカでは、「対テロ戦争」の失敗以来、海外派兵には慎重になっているので、議会の承認には時間がかかる可能性が高い。

一方、東アジアにおける軍事バランスは、**図 8-3** のごとく、陸上兵力では中国の九七万人に対して、在日米軍、台湾軍、自衛隊の合計でも二五・四万人と劣勢である。艦隊でも七五〇隻に対して、四二〇隻と劣勢、作戦機でも三〇三〇機に対して一〇八〇機とやはり劣勢である。もちろん、米軍は全世界的には中国を圧倒しているが、仮に参戦が決定しても、アメリカ本土や世界各地から東アジアに転送するには時間がかかるため、その間は、台湾軍や自衛隊に抗戦の主力を期待することが予想される。

しかし、日本と台湾の間には軍事同盟関係はないので、米軍が参戦していなければ、自衛隊が安保法制に基づいて米軍の後方支援をするのは法的に難しい。また、米軍が参戦していなければ、中国が在日米軍基地をミサイル等で攻撃することもありえないので、自衛隊が本格参戦することも困難である。しかも、日本もアメリカも、中国と国交を回復する時に、「台湾は中国の一部」と認めていたのであるから、仮に中国が台湾を武力で併合しようとしたとしても、それをロシアのウクライナ侵攻のように、「侵略」として非難し、参戦の理由とすることは難しいのではないか。

こう考えると、「台湾有事論」は法的に詰めの甘い議論であり、危機を煽る感情論に流されているといわざるをえない。防衛省関係者の中にも、「防衛予算を増やし、敵地に届くミサイルを持つことで強くなったという錯覚に陥るとすれば、それは愚かで危ういこと」との警告がでている（柳澤他編 二〇二二：五頁）。

Ⅳ　東アジアの緊張をどう緩和させるか

米中戦争抑止の可能性

保守派のシンクタンクであるアメリカン・エンタープライズ公共政策研究所日本部長のマイケル・オースリンは、アジアの経済成長時代は終わり、改革の失敗などでアジア諸国間の対立が激化する展望を描いている。中でも中国の経済が停滞し、社会不安が増大するリスクが東アジアに存在するとして、アメリカは「インド太平洋地域での自由主義の拡大と「ルールに基づいた秩序」の強化を推進」することでリスクを軽減すべきと提言している（オースリン 二〇一七：三八頁）。つまり、オースリンの場合は、戦争の原因は東アジア側にあり、アメリカが自由主義的秩序の普及でその危険を減少させるように主張している。

これに対して、覇権争いが戦争を惹起するという世界史上の趨勢を「トゥキディデスの罠」と表現して注目されたグレアム・アリソンの場合は、二〇一七年に出した本の中で、米中間の核抑止や経済的相互依存を根拠として戦争回避の可能性があると主張する。その上で、アメリカの指導者は、西太平洋での優位や南シナ海、台湾の確保がアメリカにとって本当の国益になるのかを問い直すように提言している（アリソン 二〇一七：二七八―二八二、三一三頁）。

このように、アメリカにおける米中戦争の可能性をめぐる論争においては、政治や軍事における米中の激しい覇権争いを核抑止や経済的相互依存によって抑制する可能性が指摘されていることが分かる。そこで、次に米中の経済関係を検討しよう。

米中の経済摩擦と相互依存

二〇一八年における世界の総貿易額三八・八兆ドル中、第一位は中国で一一・六%、第二位はアメリカで一〇・六%を占め、両国合計で世界貿易の五分の一を占めている。同年のアメリカの対中輸入額は五四〇一億ドルで、輸出額は一二二一億ドルであり、四一八〇億ドルもの赤字となっている。この大幅な赤字が米中間で激しい貿易戦争を引き起こす原因となっているが、総輸出入額の四二・六%は中国に進出している外資系企業によるものである。また、アジア太平洋地域においては、日・韓・台・ASEANから部品などの中間財が中国に輸出され、中国で完成品となってアメリカに輸出されるという「三角貿易」が発達しているので、単純に米中二国間の貿易赤字だけでは論じられないほど、アジア太平洋地域の経済的な相互依存ネットワークは進展している(中本・松村編二〇二二:三四—三七頁)。

その上、運輸・金融・通信・流通などのサービス貿易(二〇一九年)では、アメリカの全世界に対する輸出が八七五八億ドルであるのに対して、輸入が五八八三億ドルで、二八七五億ドルの黒字を出し、その内に対中サービス貿易も含まれている。二〇二〇年の直接投資残高では、アメリカの対中直接投資残高が一二三九億ドルであるのに対して、中国の対米直接投資残高が三八〇億ドルで、アメリカが八五九億ドルの超過を示している(中本・松村編 二〇二二:五二、二二九頁)。また、アメリカ国債の外国保有者の中では中国が最大の保有者となっている。

つまり、アメリカは、財の輸出入の面では大幅な対中赤字を計上しているが、サービス貿易では黒字を示している。また、対外直接投資の点では、アメリカの対中投資が中国の対米投資を大幅に上回っている。その上、国債保有の点では中国が最大の購入者となっており、経済的な相互依存関係もみられるのである。しかも、米中はアジア太平洋地域における地域的な相互依存のネットワークに組み入れられている。

米中の技術摩擦と体制対立

それにもかかわらず、米中間で激しい貿易摩擦が生じるのは、情報通信やAIなど最先端の技術開発で激しい競争を展開しているからである。アメリカ側は、中国が留学生や派遣員などを通じてアメリカ企業の先端技術を不当に入手したり、中国に進出したアメリカ企業に技術移転を強要したりしていると非難している(中本・松村編 二〇二二:九八—九九頁)。

中国側では、5Gなどの最先端技術では先頭をいっているが、ネット通販最大手アリババの創業者、ジャック・マーが二〇二〇年に言っているように、「われわれの得意分野は技術の応用であり、基礎技術の開発は依然として米国など海外に頼っている」(柯 二〇二一:一〇一頁)。その上、中国経済では依然として国営企業が主で、民営企業はITなどの一部に限られているという。それは、国営企業の場合、人事権を共産党が握ることができるからであり、市場経済化と共産党一党体制の両立には国営企業の優越が欠かせないという(柯 二〇二二:一〇一、一四三頁)。この点も、民間主導の市場経済化を追求するアメリカと対立する点となっている。

このような先端技術の摩擦や経済体制の違いが米中対立の基礎にあるのは事実だが、柯によると、問題は、「中国が世界一になるかどうか」ではなく、「台頭してきた中国は既存の国際ルールに従うかどうか」にあるという(柯 二〇二二:二二頁)。中国は、前近代では文字通り「中華帝国」であったし、近代では列強の草刈り場となり、それに反対するナショナリズムを高揚させた。社会主義化した現代では冷戦下の「封じ込め」にあった。それ故、対等な資格で国際社会に参入したのは改革開放路線に転換してからの数十年が初めてであり、目下、国際社会のルールに対する「慣らし期間」にあるともいえるだろう。中国の経済成長自体が、グローバルな貿易自由化体制の中でもたらされたものであることを考えれば、米中戦争を避けたいとする意識が中国指導部に生じたとしても不思議なこととはいえないだろう。

地域協力と米中対立

米中間の政治・軍事対立を経済的相互依存で緩和させる場合、アジア太平洋地域の地域協力や地域統合が参考になる。例えば、インド出身でアメリカン大学教授のアミタフ・アチャリアは、二一世紀の世界を、BRICsやG20の台頭に注目して、「マルチプレックス(複合的)世界秩序」の形成と把握する。そこでは、ＡＳＥＡＮなどに注目して「様々な地域の役割が拡大することによって、世界秩序がこれまでのような米国中心型ではなくなっていく」と予想している（アチャリア 二〇二二：二〇六頁）。

アジア太平洋地域の地域協力で最も包括的なのはアジア太平洋経済協力会議（ＡＰＥＣ）である。一九八九年に太平洋に接する国々の閣僚会議として始まり、一九九三年から首脳会議として毎年開催されている。この会議は「開かれた地域主義」を掲げ、一九三〇年代のような「ブロック経済化」を避け、域内での関税引き下げを他地域にも適用する姿勢をとっている。ここにはアメリカも中国も日韓、ＡＳＥＡＮ諸国や台湾も参加しているが、全会一致の原則を取っているため、意思疎通が中心で、強力な決定の場にはなっていない。

強力な結束を誇り始めているのはＡＳＥＡＮである。これは、東南アジア一〇カ国すべてを包含したもので、元来、ベトナム戦争中の一九六七年に北ベトナムに対抗する「反共同盟」的な性格で発足したが、非同盟を掲げたインドネシアも参加したため、域外大国を排除した形の「地域的な自治組織」として発展してきた。ベトナム戦争後には社会主義体制下で統一を果たしたベトナムも参加し、政治体制の違いを超えた地域統合として発展している（山影 一九九七：三六、一七〇頁）。

その上、「ＡＳＥＡＮ＋３」の枠組みでは日韓中も入れた経済協力を推進し、二〇二〇年一一月に調印された「東アジア地域包括的経済連携（ＲＣＥＰ）」には中国も日本も参加している。また、安全保障面では、ＡＳＥＡＮ地域フォーラム（ＡＲＦ）を設定して、北朝鮮や中国、ロシア、アメリカ、日本も含む形で対話の場を実現している（山影 一九九七：三〇二頁）。このARFから発展して二〇〇五年から東アジア首脳会議（EAS）が発足し、当初は、エネルギー、金融、感染症対策などが協議されたが、二〇一一年からアメリカも参加し、政治や安全保障も議題に追加された。

また、経済交流面では、二〇二〇年に発効したTPPには、日、豪、加、ニュージーランド、メキシコなど一一カ国が参加し、関税の大幅な引き下げなどを推進している。アメリカは、当初、このTPPの交渉を主導していたが、トランプ政権になって離脱した。それは、関税引き下げによって安い外国製品が大量にアメリカに流入し、アメリカ国内の雇用を奪っているとの認識によるものであった。バイデン政権に代わっても、TPPへの復帰は望まず、関税以外のサービス貿易などの協力をめざして、米、日、韓、豪、印、ニュージーランドなどの参加による「インド太平洋経済枠組み（IPEF）」の推進を図っている。

つまり、アジア太平洋地域においては地域協力の組織が多面的、重層的に展開している。台湾や香港という非独立国家も含めて全域的に組織されているのはAPECであり、TPPやIPEFは中国に対抗する性格を帯びている。他方、RCEPには中国も日本も入り、むしろアメリカが不参加という特徴がある。このようにアジア太平洋地域においては、地域協力組織は極めて多面的、重層的に形成されており、米中対立で機能低下に陥る危険もあるが、逆に、各地域協力組織に入っているメンバーの仲介で対立を緩和させる機能も発揮しうるだろう。特にASEANは地域的自治組織として成長を遂げ、他地域の紛争に対する調停者的役割を発揮し始めている。

現在、東アジアでは軍事的緊張が高まっており、偶発的に軍事衝突が発生する危険がある。しかし、経済的な相互依存関係や地域的な協力組織の発達によって対立を平和的に緩和する余地も拡大している。「民主主義vs権威主義」といった大仰な対立に問題を拡散させず、個々の事情に基づいて紛争を平和的に解決する姿勢が重要になると考える。

［参考文献一覧］

朝日新聞取材班（二〇二〇）『米中争覇――「新冷戦」は始まったのか』朝日新聞出版
アチャリア、アミタフ（二〇二二）『アメリカ世界秩序の終焉――マルチプレックス世界のはじまり』芦澤久仁子訳、ミネルヴァ書房
阿南友亮（二〇一七）『中国はなぜ軍拡を続けるのか』新潮選書
アリソン、グレアム（二〇一七）『米中戦争前夜――新旧大国を衝突させる歴史の法則と回避のシナリオ』藤原朝子訳、ダイヤモンド社
井尻秀憲（二〇一三）『激流に立つ台湾政治外交史―李登輝、陳水扁、馬英九の二五年』ミネルヴァ書房
オースリン、マイケル（二〇一七）『アジアの終わり――経済破局と戦争を撒き散らす5つの危機』尼丁千津子訳、徳間書店
オーバードーファー、ドン、ロバート・カーリン（二〇一五）『二つのコリア――国際政治の中の朝鮮半島（第三版）』菱木一美訳、共同通信社
カミングス、ブルース（二〇〇四）『北朝鮮とアメリカ――確執の半世紀』杉田米行監訳、古谷和仁・豊

田英子訳、明石書店
柯隆（二〇二一）『「ネオ・チャイナリスク」研究――ヘゲモニーなき世界の支配構造』慶応義塾大学出版会
国際時事アナリスツ編（二〇二二）『日本人のための台湾現代史』河出書房新社
佐橋亮・鈴木一人編（二〇二二）『バイデンのアメリカ――その世界観と外交』東京大学出版会
清水克彦（二〇二一）『台湾有事――米中衝突というリスク』平凡社新書
朱建榮編（二〇一七）『世界のパワーシフトとアジア――新しい選択が迫られる日本外交』花伝社
鈴木健人・伊藤剛編著（二〇二一）『米中争覇とアジア太平洋――関与と封じ込めの二元論を超えて』有信堂高文社
瀬川高央（二〇一九）『核軍縮の現代史――北朝鮮・ウクライナ・イラン』吉川弘文堂
陳破空（二〇一四）『日米中アジア開戦』山田智美訳、文春新書
ナヴァロ、ピーター（二〇一六）『米中もし戦わば――戦争の地政学』赤根洋子訳、文藝春秋
中本悟・松村博行編著（二〇二二）『米中経済摩擦の政治経済学――大国間の対立と国際秩序』晃洋書房
西村豪太（二〇一五）『米中経済戦争　ＡＩＩＢ対ＴＰＰ――日本に残された大逆転のチャンス』東洋経済新報社
ミアシャイマー、ジョン・Ｊ（二〇一九）『大国政治の悲劇（新装完全版）』奥山真司訳、五月書房新社
森本敏・小原凡司編著（二〇二二）『台湾有事のシナリオ――日本の安全保障を検証する』ミネルヴァ書房
柳澤協二・伊勢﨑賢治・加藤朗・林吉永・自衛隊を活かす会編（二〇二二）『非戦の安全保障論――ウク

ライナ戦争以後の日本の戦略』集英社新書
山影進（一九九七）『ＡＳＥＡＮパワー——アジア太平洋の中核へ』東京大学出版会
渡部悦和・尾上定正・小野田治・矢野一樹（二〇二〇）『台湾有事と日本の安全保障——日本と台湾は運命共同体だ』ワニブックスＰＬＵＳ新書
和田春樹（二〇一二年）『北朝鮮現代史』岩波新書

コラム 3

「バンドン精神」はどのように継承されているのか

小谷汪之

バンドン会議への道程

一九五五年四月、インドネシアのバンドンにおいて、第一回アジア・アフリカ会議(通称、バンドン会議)がアジア・アフリカ二九カ国の参加により開催された。新たに独立を果たしたアジアの諸国を中心とした熱気に満ちた会議であった。

バンドン会議の直接のさきがけとなったのは一九四九年一月二〇日から二三日にインドのニューデリーで開催された「アジア一九カ国会議」であった。この会議にはインド、ビルマ(現・ミャンマー)、エジプト、オーストラリアなど一五カ国が参加し、中国(国民政府)など四カ国がオブザーバーとして加わった。この会議の議題はインドネシア問題で、インドネシアの戦争状態を憂慮したビルマのウー・ヌ首相がインドのネルー首相に申し入れたことによってこの会議が実現した。

一九四五年八月、第二次世界大戦が日本の敗北によって最終的に終了すると、アジアの諸地域ではいわば嵐のような民族解放の運動が巻き起こった。イギリスの植民地支配下に置かれていた地域では、一九四七年にインドとパキスタンが独立、四八年にはビルマとセイロン(現・スリランカ)が独立した。インドネシアでは、日本による占領軍政が崩壊した直後の一九四五年八月一七日、スカルノらによってインドネシア共和国の独立が宣言された。しかし、イギリス・インド軍と共にインドネシアに戻った旧植民地支配国オランダはこれを認めず、四七年七月二一日、「第一次警察行動(軍事行動)」を起こして、ジヤワ島、スマトラ島の各地を占領した。四八年一二月一九日には、「第二次警察行動」を起こし、インドネシア共和国の首府ジョクジャカルタを占拠、スカルノらインドネシア共和国指導者たちを逮捕した。

ウー・ヌ、ネルーなど新興アジア諸国の指導者たちはこのようなインドネシアの状況を憂慮して、「アジア一九カ国会議」に集まったのである。

その後、オランダは即時停戦とインドネシア共和国指導者たちの無条件釈放を求める国連安保理決議(一九四八年一二月二四日)など国連やアメリカなどの圧力に押されて、一九四九年一二月二七日、ようやくインドネシア共和国に主権を移譲した。

それから約五年後に「バンドン会議」が開催される一つの大きな契機となったのは、今度は、インドシナ情勢、特にベトナム情勢であった。

ベトナムでは、日本の占領軍政が崩壊する直前の一九四五年八月一四日、ホー・チ・ミンを指導者とする武装蜂起が起こった。同年九月二日には、ハノイでベトナム民主共和国の独立が宣言された。しかし、インドシナの再植民地化を狙うフランスはこれを認めなかった。一九四六年一二月一九日には、ハノイでフランス軍とベトナム軍の戦闘が発生し、いわゆる第一次インドシナ戦争が始まった。その後、インドシナは冷戦に巻き込まれ、中華人民共和国とソ連がベトナムを支援し、アメリカがフランス軍に武器援助するという構図になり、戦争が長期化した。

このようなインドシナ情勢に対して、アジアの新興諸国、特にインドネシアは強い懸念を示した。そのことがバンドン会議の開催につながったのである。

バンドン会議の開催

一九五四年四月二八日、セイロンのコロンボにインド、インドネシア、セイロン、パキスタン、ビルマの首相たちが集まり会議を開いた（コロンボ会議）。その中心的な議題は第一次インドシナ戦争が世界的な戦争に拡大することをどう阻止するかということであった。そのために、インドネシアのサストロアミジョヨ首相はアジア・アフリカの独立国に広く呼び掛けて、アジア・アフリカ会議を開催することを主張した。

その後、第一次インドシナ戦争は劇的な展開を遂げた。一九五四年三月からベトナム軍はフランス軍の最大の陣地、ディエン・ビエン・フーに激しい攻撃をかけていたが、五月七日、ついにこれを陥落させた。これにより、七月二〇日、ジュネーヴ会議において休戦が成立し、北緯一七度線を暫定的な境界として、北はベトナム民主共和国、南はフランスによってつくられたベトナム国が統治することになった。こうして第一次インドシナ戦争は一応の終結に至った（その後、アメリカが直接に介入してベトナム戦争となったのであるが）。

他方、コロンボ会議参加国（コロンボ・グループ）の側では、インドネシアのサストロアミジョヨ首相とセイロンのコテラワラ首相がそれぞれに努力を続けた結果、一九五四年一二月二八日、インドネシアのボゴールでコロンボ・グループ五カ国の会議（ボゴール会議）が開かれた。そこでアジア・アフリカ会議の開催が決まり、会議の議題や招待国の選定が行われた。

こうして、一九五五年四月一八日から二四日、インドネシアのバンドンで第一回アジア・アフリカ会議（バンドン会議）が開催されたのである。この会議には、会議主催者であるコロンボ・グループ五カ国のほかに二四カ国が参加した。ベトナムからはベトナム民主共和国とベトナム国の双方が参加した。ただ、アフリカの多くの地域ではまだ独立が達成されていなかったので、アフリカからの参加国はスーダン、ゴールド・コースト(現・ガーナ)など「半独立」を認められた数カ国だけであった。

バンドン会議では、さまざまな意見の相違があったにもかかわらず、最後に「最終コミュニケ」が採択された。その末尾の部分すなわち「G 世界平和と協力の推進にかんする宣言」は一〇の条項からなり、「平和十原則」と呼ばれるようになった。そこで強調されているのは「すべての国家の主権、領土保全の尊重」(第二条)すなわち、「いかなる国の領土保全、あるいは政治的独立にたいして、侵略行為、脅迫、あるいは力の行使をしないこと」(第七条)という国際的規範であった。そして、それを保障するのはバンドン会議に現れたようなアジア・アフリカの新興独立国の連帯と協力であるとされた。これが後に「バンドン精神」と称されるようになったのである(バンドン会議開催に至る過程および「平和十原則」については、岡倉編 一九八六:二二三—四八、三四七—三四九頁参照)。

なお、日本はバンドン会議に招待され、高碕達之助を団長とする代表団が会議に参加したが、アメリカによる強い外交的圧力もあり、主体的な行動をとることができなかった(宮城 二〇〇一参照)。

「バンドン精神」はどのように継承されているのか

二〇一五年四月二二日から二三日、インドネシアのジャカルタでバンドン会議六〇周年を記念するアジア・アフリカ首脳会議が開催された。この会議には九〇カ国以上の国々の首脳が参加し、最終日には「バンドン・メッセージ二〇一五」が採択され、二四日のバンドンにおける記念式典で調印された。そこでは、「バンドン精神」の意義が次のように強調されている。

三 我々は、一九五五年のアジア・アフリカ会議(バンドン会議)の「最終コミュニケ」に謳われた

「バンドン精神〔the Spirit of Bandung〕」——それには自決の精神が含まれる——がアジア・アフリカ諸国の一層強い連帯の関係を育てる基盤として、今なお堅固で適切で効果的なものであるという信念を主張する。「バンドン精神」は我々の共通の関心事である地域的あるいは全地球的な諸問題〔regional and global issues of common concern〕を国連憲章のそれらにかかわる諸原則に従って解決するための指導原理であり続けている。

それでは、「バンドン精神」は「バンドン・メッセージ二〇一五」ではどのように継承されているのであろうか。「バンドン・メッセージ二〇一五」で特徴的なのは「地域的〔regional〕」という言葉が頻出することである。前引の「条項三」にも見られるが、「条項一二」ではさらに重い意味で使用されている。

一二　我々は国際的な平和と安全、および国連憲章に含まれバンドン会議の最終コミュニケの精神に謳われた諸目的と諸原理に基づく共通の繁栄の促進に対する国連の中心的な役割を再確認する。それらの諸原理のうち、諸国家の領土保全、主権、政治的独立の尊重および諸国家の領土保全あるいは政治的独立に対する脅迫ないしは武力の行使あるいは内政への干渉をひかえることが特に重視される。我々は、国際的紛争の平和的裁定、紛争の抑制と解決、政治的安定の促進に対する、両大陸の諸地域的・準地域的機関〔regional and sub-regional organizations in the two continents〕の役割と機能を強化することを決意する。そのことは、増大する地域間、南-南間協力、三角関係的協力を通しての平和維持、紛争解決後の再建、平和構築の努力を支持することになる〔傍点は引用者〕。

この条項に盛られた内容のうち、「諸国家の領土保全、主権……」に始まる前半部分は「バンドン会議」の「平和十原則」と同じである。「平和十原則」と大きく異なるのは後半部分(傍点を付した部分)で、そこでは国際的な平和維持、平和構築におけるアジア・アフリカ両大陸の「諸地域的・準地域的機関の役割と機能」が強調されている。ここには、バンドン会議以後六〇年のアジア・アフリカをめぐる政治状況の変化が反映されている。

バンドン会議の時は第二次世界大戦後に独立したばかりのアジアの諸国が中心で、アフリカの諸地域はまだ独立を求めて苦闘しているという状況であった。このような状況にあっては、独立したばかりの諸国の「領土保全、主権、政治的独立の尊重および諸国家の領土保全あるいは政治的独立に対する脅迫ないしは武力の行使あるいは内政への干渉をひかえることが特に重視される」のは当然であった。他方、アフリカの諸地域では「政治的独立」すなわち独立国家の樹立がいわば至上の目標とされていた。いずれの場合も、焦点は個々の国家に当てられていたのであり、諸国家と世界との中間項として「地域的・準地域的機関」を想定するというような状況にはなかったのである。

それが二〇一五年ともなれば、バンドン会議から六〇年が経過し、アジアのみならずアフリカにも大量の独立国が生まれた。そして、それらの独立国が地域的連帯の機構をつくり、世界平和の問題や地域の抱える諸問題を共同で解決する道を模索するという状況が生まれていた。その例として、アセアンASEAN(Association of South East Asian Nations. 東南アジア諸国連合。一九六七年結成、その後ベトナムなどが参加)、サアルクSAARC(South Asian Association for Regional Cooperation. 南アジア地域協力連合)、アフリカ連合(African Union. 一九六三年結成のアフリカ統一機構(Organization of African Unity)を二〇〇二年に発展的に改組）などを挙げることができる。

「バンドン・メッセージ二〇一五」はこのような地域的機関の国際的な平和維持・平和構築上の役割に大きな期待を寄せているのである。それは「過激主義、人種主義、人種差別、外国人嫌いおよびそれらに関連した不寛容」との闘いを強調した「条項八」で、「我々はこの目的を達成するために、この問題に関連した地域的および全地球的機構〔relevant regional and global mechanisms〕の活用に尽力する」とされていることにも現れている。

一九五五年の「バンドン精神」は、二〇一五年の「バンドン・メッセージ二〇一五」では、このような方向で継承・発展させられているのである。ただし、ASEANをはじめとするこれらの諸地域連合もそれぞれに難しい問題を抱えており、またロシアによるウクライナ侵攻のような「バンドン精神」を踏みにじる暴挙もあり、前途はなお険しいと言わねばならない。

［参考文献一覧］

岡倉古志郎編著（一九八六）『バンドン会議と五〇年代のアジア』大東文化大学東洋研究所
宮城大蔵（二〇〇一）『バンドン会議と日本のアジア復帰』草思社

参照ＵＲＬ

Bandung Message 2015（https://www.mofa.go.jp/mofaj/files/000077935.pdf）

おわりに　戦争と平和を歴史から考える

木畑洋一

ウクライナ戦争を一つの手がかりとしながら、近現代の世界で戦争に人びとがどう関わってきたかということを歴史的に考えてみる、という本書の企画に著者たちが取り組み始めたのは、この戦争の長期化が次第にはっきりしてきた二〇二二年五月頃であった。戦争が勃発した後、日本のマスメディアでも、さまざまな報道がなされたが、そのほとんどは短期的な戦況報告や政治状況の分析にとどまっていた。また、マスメディアでの情報源は、欧米からのものに限定されるきらいがあり、それらが帯びているバイアスについて無自覚な傾向が広く見られた。これまで近現代の戦争に関わる研究にも携わってきた著者たちは、そのような状況に強い不満と危機感をいだき、「軍事力で平和は守れるのか」という大きな問いを掲げて、改めて戦争と平和の問題の諸相を歴史的視座から論じてみることにした。

第Ⅰ部では、一九九〇年代にNATOがとった東方拡大政策の意味が強調された。NATOの軍事的拡大の動きは、ウクライナ戦争の歴史的背景となったのである。

ウクライナ戦争を引き起こした要因に関して、第Ⅰ部でアメリカが主導した新自由主義やNAT

Ｏの問題が論じられているのに対し、第3章ではプーチンのウクライナ支配欲というロシア要因がもっぱら指摘されているのは、一見齟齬（そご）があるように思われるかもしれないが、これらは相互に連関している。戦争が生じる歴史的要因は、長期的要因、中期的要因、短期的・直接的要因に区分することが可能であり、第Ⅰ部での議論は主としてこの中期的要因に関わり、第3章での議論は短期的・直接的要因に絞り込んでいるのである。さらに長期的要因としては、ロシアとウクライナの長い歴史的関係をあげることができる。この長期的要因が中期的要因によって刺激され、短期的要因につながったと考えることができる。

　そしてウクライナ戦争が始まって以降、ウクライナ側がロシアの攻撃に対して頑強に抵抗し、反対攻勢を継続してきている理由としては、自分たちの住む土地と生活を守ろうとするウクライナの人びとの強い意志が何よりも重要であるが、軍事的反攻を可能にしている武器・兵器がＮＡＴＯ諸国から供給されつづけていることも、大きな意味をもっている。ロシアの方は、もともとウクライナを上回る兵器を保有しており、老朽化した兵器の使用という問題をかかえながらも、軍事的攻撃を継続している。こうしてもっぱら軍事力による攻防が重視されるなかで、戦争を終結に導くような外交交渉に向けての真剣な努力はなされないまま、破壊が広がりつづけている。

　第4章では、軍備拡張が多くの場合戦争の背景になってきたこと、いったん戦争が始まると発達した軍事力によって人的・物的な大量破壊が生じてきたことが概観されたが、ウクライナ戦争においても、そのようなパターンが明らかに見られるのである。

ただ、軍事力はそのまま戦争につながるわけではない。戦争の原因をめぐっては、多様な議論がこれまでなされてきているが、領土係争や経済的・政治的競合など種々の問題をめぐって生じる(というよりも、好戦的な指導者などによってあおられる)敵対意識や排他意識(とりわけ排他的ナショナリズム)が、戦争へと展開するにあたって、軍事力は、その過程を推進する動因となったのである。第3章で強調された植民地戦争の場合は、軍事力の圧倒的優位性をもつ帝国主義国が、領土征服欲・支配欲に動かされることによって戦争が始まった。

植民地戦争では、戦争犠牲者の規模も軍事力の差を反映して非対称的なものとなったが、植民地戦争を遂行しつつ軍備拡張を行った帝国主義列強同士が激突した両世界大戦の場合は、交戦陣営の双方が膨大な数の死傷者を生むことになった。第4章では、軍備拡張とそのなかでの兵器の質的転換が戦争の犠牲を増していった様相が活写されている。

軍事力と、それが結局のところ結びついていった戦争を規制し、平和を守るために、近現代の世界でなされてきた試みについても、本書は取りあげた。第5章では、主として政府レベルの動きを概観したが、戦争違法化や、さまざまな条約・国際組織の登場によって、戦争と平和をめぐる国際規範は確かに前進してきたものの、その達成度がまだまだ不完全なものであることを、ウクライナ戦争は世界につきつけた。政府レベルのこうした活動をいっそう推進していくことは必要であるが、政府レベルの動きを支え、さらにそれをこえて、平和を守る安定した力を作り出していくのは、第6章で検討された、生活実感に基づく市民レベルの「ミクロな平和運動」であろう。

第8章で強調されている地域協力が平和にとってもつ可能性も、市民レベルの連携があってこそ大きなものになると考えられる。

「ミクロな平和運動」の力は、ノルウェーの平和学研究者ヨハン・ガルトゥングの提唱にかかる「積極的平和」(戦争がないという意味での「消極的平和」にとどまらず、貧困や抑圧、差別をなくすことによって達成される「平和」であり、個々人が自らの能力を最大限に発揮できるような状況が確保されることを意味する)につながる力でもある。本書では十分に取りあげることができなかったが、この「積極的平和」という考え方に示されるように、平和という概念自体が鍛え直されてきていることも重要である。

同様に本書で詳しく論じることはできなかったものの、筆者が強調しておきたい問題が、軍事力増強に自分たちの利益や存在理由を求める軍事企業の役割である。こうした企業と軍によって作られる軍産複合体や、さらにそれに行政組織や大学などの研究機関も加わった軍産官学複合体とでも呼びうるものは、戦争状態の継続に利益を見出しがちである。ウクライナ戦争についても、それが長引くことからアメリカなどの軍事産業が得ている利益はきわめて大きい。マスメディアでも断片的にしか報道されることのないこの問題にはより注意しておくべきであろう。

そのこととも関連して注意しておきたい点は、現在世界のいたるところで軍備拡張の方向をよしとする動きが強まってきていることである。軍拡がもたらしうる状況としてよく知られている「安全保障のディレンマ」のもとでは、自国の安全保障強化のためという理由での、ある国の軍拡は、それによって脅威が増したと感じる相手国の軍拡を誘起して、自国の安全保障はかえって弱められる。それが悪循環となってつづいていく可能性が高いわけであるが、そうした変化が、世界でいま生じつつある。

この変化をよく示している国の一つが日本である。これまで日本では防衛費がＧＤＰに占める割合は一％以内に抑えられてきていた。それでも二〇二一年には世界で第九位の軍事費支出国となっていたのであり、軍事費支出は決して少なかったわけではない。にもかかわらず、ウクライナ戦争の影響下で、ＮＡＴＯの基準に応じて、ＧＤＰ二％への増額に政府が踏み切ることになったのである。日本がどれほどの軍備を何のために整えておくかという点をめぐっては、一九五〇年代以降多様な議論が積み重ねられてきたが、二〇二二年にはほとんど議論らしい議論もないまま、防衛費の大幅増額が決められてしまった。そして本書準備中の二二年一二月には、自衛に徹するというこれまでの日本の軍事姿勢を大きく転換して敵基地を攻撃する能力を容認する方針をも含む安全保障関連の三つの文書が、内閣によって閣議決定されるにいたったのである。第7章では、「脱亜入欧」、軍事同盟という路線が近現代日本を貫く形で見られたことが指摘されたが、歯車が回り始めた大幅軍拡によって、戦争への道を再び日本が歩み始めたのではないかという危惧をいだかざるをえない。

本書の執筆者の多くは、アジア・太平洋戦争の戦中ないし戦争直後の生まれであり、最も若い執筆者でも一九七〇年代初めの生まれである。その私たちは、平和憲法のもとでの平和国家としての日本のアイデンティティを大切にしながら、人生を送ってきた。日本の防衛政策、安全保障政策をめぐって近年生じ、また現在起こりつつあることは、この日本の姿を突き崩すものであり、私たち自身の生き方を否定するような動きである。そうした危機感のもと、研究会を重ねて作り上げたのが本書である。

今の世界で、日本で、進行している軍事力強化の方向は、平和を守ることとは決して一致しない。そのことを歴史的視座に立って論じた本書が、平和とは何か、そして平和を確かなものにしていくためにはどのような姿勢をとるべきかについて、一人一人が考えていく上でのささやかな手がかりになることを望んでいる。

南塚信吾　1942年生まれ。千葉大学・法政大学名誉教授。世界史・ハンガリー史。『「世界史」の誕生』(ミネルヴァ書房、2023年)など。

油井大三郎　1945年生まれ。一橋大学・東京大学名誉教授。米国現代史・現代世界史。『好戦の共和国 アメリカ』(岩波新書、2008年)など。

木畑洋一　1946年生まれ。東京大学・成城大学名誉教授。国際関係史・イギリス帝国史。『二〇世紀の歴史』(岩波新書、2014年)など。

山田　朗　1956年生まれ。明治大学文学部教授。日本近現代史。『昭和天皇の戦争』(岩波書店、2017年)など。

〈コラム執筆者〉
小谷汪之　1942年生まれ。東京都立大学名誉教授。インド史。『中島敦の朝鮮と南洋——二つの植民地体験』(岩波書店、2019年)など。

藤田　進　1944年生まれ。東京外国語大学名誉教授。アラブ現代史。『蘇るパレスチナ』(東京大学出版会、1989年)など。

山崎信一　1971年生まれ。東京大学教養学部非常勤講師。ユーゴスラヴィア史。『ボスニア・ヘルツェゴヴィナを知るための60章』(共編著、明石書店、2019年)など。

軍事力で平和は守れるのか——歴史から考える

2023年 8月1日　第1刷発行
2023年11月6日　第2刷発行

著　者　南塚信吾　油井大三郎
　　　　木畑洋一　山田　朗

発行者　坂本政謙

発行所　株式会社 岩波書店
〒101-8002 東京都千代田区一ツ橋 2-5-5
電話案内 03-5210-4000
https://www.iwanami.co.jp/

印刷・理想社　カバー・半七印刷　製本・中永製本

ISBN 978-4-00-022648-6　Printed in Japan

歴史はなぜ必要なのか
——「脱歴史時代」へのメッセージ
南塚信吾 小谷汪之 木畑洋一 編
四六判二三八頁 定価二五三〇円

シリーズ 日本の中の世界史
「連動」する世界史
——19世紀世界の中の日本
南塚信吾
四六判二六八頁 定価二七五〇円

シリーズ 日本の中の世界史
平和を我らに
——越境するベトナム反戦の声
油井大三郎
四六判二七六頁 定価二六四〇円

二〇世紀の歴史
木畑洋一
岩波新書 定価一〇七八円

増補 昭和天皇の戦争
——「昭和天皇実録」に残されたこと・消されたこと
山田朗
岩波現代文庫 定価一八三七円

—— 岩波書店刊 ——

定価は消費税10%込です
2023年11月現在